古代歷史文化研究輯刊

二十編

王明蓀主編

第 **4** 冊

狄宛第二期闕燧與營窟考見星曆進益
——狄宛聖賢功業祖述之二（第四冊）

周興生著

國家圖書館出版品預行編目資料

狄宛第二期闕燧與營窟考見星曆進益——狄宛聖賢功業祖述
之二（第四冊）／周興生 著－－初版－－新北市：花木蘭文化
事業有限公司，2018〔民107〕
目 10+148 面；19×26 公分
（古代歷史文化研究輯刊 二十編；第 4 冊）
ISBN 978-986-485-536-0（精裝）
1. 天文學 2. 中國
618   107011984

ISBN-978-986-485-536-0

9 789864 855360

古代歷史文化研究輯刊
二十編 第 四 冊   ISBN：978-986-485-536-0

狄宛第二期闕燧與營窟考見星曆進益
——狄宛聖賢功業祖述之二（第四冊）

作　　者　周興生
主　　編　王明蓀
總 編 輯　杜潔祥
副總編輯　楊嘉樂
編　　輯　許郁翎、王筑　美術編輯　陳逸婷
出　　版　花木蘭文化事業有限公司
發 行 人　高小娟
聯絡地址　235 新北市中和區中安街七二號十三樓
　　　　　電話：02-2923-1455／傳眞：02-2923-1452
網　　址　http://www.huamulan.tw 信箱 hml810518@gmail.com
印　　刷　普羅文化出版廣告事業
初　　版　2018 年 9 月
全書字數　514018 字
定　　價　二十編 25 冊（精裝）台幣 66,000 元

狄宛第二期闕爟與營窟考見星曆進益
——狄宛聖賢功業祖述之二（第四冊）

周興生　著

第五卷　葬闕與間葬闕星曆

一、葬闕與間葬闕俱本乎祝巫察日宿與曆志

（一）天球協所與地表傾斜受日乃葬闕曆訓基礎

1. 納骨如生者孤葬闕名類

1）葬闕類別與曆義

（1）葬闕以納骨體屬別孤葬闕與葬闕間葬闕三等

此著以葬闕代墓葬。此舉出自二故。第一，穴名不塙。第二，舊名唯照顧骨殖模樣，捨棄骨殖寄託。葬闕納骨殖，不須贅言。但納骨有狀：或似生者骨架狀，或無生者骨架狀。前者即「骨如生臥者」。否則，須見納骨非如生者狀。但此名喻指甚多，故限定其義，以拆理骨殖名之。

考古界頻用名「長方形豎穴土坑墓」指稱不塙。此名有重複、混狀之性。名不指實，或指實不清，俱係學術乏體之兆。「穴」、「坑」義重複，「長」、「方」狀混。「土」又多餘。何墓不在地下土中？

考古界迄今頻用名有：仰臥直肢葬、俯身葬、二次葬、屈肢葬、斂骨葬；諸名彰顯發掘者貴骨殖，不貴骨殖寄託。如前著揭示，骨殖曆義寄託於葬闕曆義。發掘者須貴葬闕程度，而後能算其度當日曆志。倘使獲得骨殖星曆義，後能對照兩等曆志，獲得葬闕全曆志。獨見骨殖模樣者不能考得葬闕曆志。

葬闕乃狄宛三等地闕曆志之一。迄今已檢素闕、爟闕，唯剩葬闕未嘗檢討。營窟不得命日「闕」，故在營窟納爟闕，而且營窟結構複雜。況且，營窟

底未必盡爲闕。發掘者言「房址」係「半地穴」結構，此言喻地上結構仍屬營窟。葬闕不恃「葬具」，故在葬本乎藏、埋。骨殖掩埋，此即葬。

依葬闕納骨殖屬一人或數人，葬闕別孤葬闕，與葬闕。孤葬闕唯納一人骨殖，不論骨殖屬男、屬女。與葬闕納數人骨殖，與謂名辯之「與」，不論骨殖屬男屬女、屬長屬幼、也不究問骨殖全否。即使某骨架骨殖不全，不礙此別。凡見顱骨在闕，或在器，即判葬闕。更早葬闕，譬如舊石器時代葬闕，倘若不見顱骨，唯見腿骨或肱骨，而且骨殖放置有方，也得判爲葬闕，不得命曰零散骨殖。前著訓釋葬闕準乎孤葬闕。與葬闕遲起，故此著檢討。依我檢，最早與葬闕出現於狄宛第一期，其證在臨潼白家村 M22，此葬闕納七人骨殖（《臨潼白家村》圖一五，第 17 頁）。

納骨殖之器埋於穴，此穴仍係葬闕，但人骨未著地。此處見葬闕乃間葬闕。「間」者，間而知也。間猶如不以五官接而推知，譬如睹陌生人造訪而見主人茶杯下塑料布隆起，周遭不曲而推知茶水甚熱。

在中國，此等認知之力頗歷昇降之變。狄宛時期，此等認知力最盛。而後世衰落，譬如殷商。春秋時期，墨子復古，類別知力，而後作不朽之文，墨者傳習。及漢以武帝僭崇儒而陰從秦策，墨子說喪佚。

祀之「間祀」最難認知。李光坡《禮記述註》（卷十五）：「大傳第十六」，「記祖宗人親之大義，禮不王不禘。王者禘其祖之所自出，以其祖配之。方氏曰：此禘也。以其非四時之常祀故謂間祀。以其及祖之所自出，故謂追享以其比常祭特大故謂大。」（《欽定四庫全書》經部，文淵閣第 127 冊，第 1 頁。）何謂非四時常祀，迄今無考。檢四時之祀，本乎聖哲功業與功德，從其教即有善果。否則難測。人生從教，非固於聖賢言。父母、故舊等皆屬之。但聞而不從頻見。偶有彼此之難，覺難而不知故，惑而推測彼此致害。於不得解脫之時，祀而圖免。

鄭先生引甲骨文字八狀：兕，兕、兕、兕、兕、兕、兕、兕、兕爲字說〔註1〕。此八狀以最後字易識，而前七狀難辨。檢諸字源俱在方形，此形述彼時史傳祝巫正時次之功。不如此，受不時之害。患病而卜，故在謀知患本，塞源而杜害。將患而未患，得先輩示警，臥夢者得心理暗示，以爲不祭有瑕疵。故祀。間祀者，圖病愈而祀也。病無時，故祀亦無時，在四時大節氣祀之間斷期，故曰間祀。《左傳・昭公七年》「晉侯疾……。韓子祀夏郊，晉侯有間。」

〔註1〕 鄭慧生：《從『間』字之釋說到商代的『間祀』》，《史學月刊》1987 年第 3 期。

杜注：「間，差（瘥）也。」《論語・子罕》：「病間」。孔傳：「少差（瘥）曰間。」此皆美言，告患者虔誠。此等心理與祀行皆本乎推斷。

　　李民先生釋讀銘文，辨別管字，辨識構形、檢其韻讀。字形從間〔註2〕。間字韻讀從見。貴目睹。是乃墨子，「知接也」官知類。

　　孫詒讓從畢沅，定「知」條之一：「知，聞、說、親。」貌似合「聞」條：「傳、親」〔註3〕。畢沅改前，此條：「知、聞、說、親。」而聞限於言傳。倘若聞屬知源，聞則足以，何須身觀？而且，說服出自眞知。傳者不知眞僞，不能假途它物獲知，聞者豈不自誤？如此，知源須含三等謀知者之爲：第一，依外部表徵推斷，得知目不能接，手不能拿，足不能及者。第二，謀取解釋而快樂。第三，親謂以火照耀之力而洞察存在。故須從舊本。而「知：間、說、親」三者俱見於亞里斯多德著作。而西方任一近代學科俱基於間知，無光學器，哥白尼、伽利略、第谷、開普勒無以進益天文學。

　　孫詒讓自命其讀《墨子》心得曰「閒詁」，而不知墨子學，放許愼而不從知論，枉費許愼《淮南鴻烈閒詁》之「閒」以體而用也。

（2）孤葬闕曆義

　　於祝巫，葬人、葬犬俱爲葬。葬骨殖、葬軀體係葬的。而葬須有所。此所不須挖掘。祝巫葬骨殖，可選溝坎或地表自然凹陷，覆以地表土。此亦係葬。此處見葬屬非形土葬骨殖。葬人喻葬童與長者。此處唯檢討長者葬闕，不檢所謂「甕棺葬」名類與葬狀二等說。葬狀二等說即有葬具、無葬具二等。此題後於埋骨起源下檢討。

　　不挖地穴而葬與挖地穴而葬固異，挖地穴即形土。不挖地穴而葬即便葬。謀葬骨殖而四處覓得地表凹陷，覆蓋柴草或雜木、石塊，俱係便葬。舊石器時代遺址發掘者未曾檢得墓葬，故在彼時行便葬。便葬骨殖以近地表而受雨水侵蝕、沖刷，或近山丘而以地殼上隆而流散。殘存骨殖毫無考證價值。

　　形土葬骨殖者形土有度，而舊石器末期祝巫精於程度。如此，形土得闕以葬骨殖須爲葬闕。考古界迄今檢討任一墓葬俱係葬闕。

　　葬闕既出自形土，而形土乃度形底面。此度有程。程別三向：長程、寬程、深程。倘若邊非斜，寬程喻兩長邊距離。倘若見斜邊，寬程乃程閾，非

〔註2〕　李民：《釋管》，《中原文物》1994年第4期。
〔註3〕　孫詒讓：《墨子閒詁》，中華書局，2001年，第315頁～第316頁。

一值。倘若骨殖埋於弧邊形土而得闕內，此處仍係葬闕，唯程度變樣，考者須別徑程、深程。徑程別口徑程、底徑程。

如此，葬闕乃有度埋骨之闕。有度之闕俱堪曆算。曆算之途係度當日算術。此算術乃祝巫爲曆之道。久用不改，以爲常。

2）孤葬闕三狀星象義參差

（1）準條闕

檢狄宛一期 M15、M208、M205、M307，無一係矩或方或圓狀。發掘者命其狀「長方形豎穴土坑墓」。檢狄宛二期葬闕 21 座，15 座「豎穴土坑墓」安葬成人，「甕棺葬 6 座」安葬兒童。「豎穴土坑墓」基本都是「長方形」，方角或圓角。依《發掘報告》（上冊）圖一八五（M216）、圖一八六（M219）、圖一八七（M222）、圖一八八（M1）、圖一八九（M217）、圖一九〇（M224）、圖一九一（M302）平面圖判定，狄宛一期、二期俱無三角學「長方」平面狀。或見兩對偶面與另一對偶邊長程相近，或相去較遠，但長邊盡有傾斜之貌。延長兩長邊向窄頭，在某處須見兩線相交。「長方形」之名乃大名，長、方乃兩狀。混而言葬闕口模樣，顯不敷用。

今進言以「準條狀闕」替代「長方形穴」。準條狀闕含三義：條狀爲效，準條狀近效。M217 爲證。如此能見其別。闕字納「穴」「坑」，避免「墓」字。畢竟，「墓」喻丘。狄宛考古者不得聲言，起出人骨之地地表有丘。如此，名指實即便於考古檢討。

（2）準方闕

準方闕如準條狀闕，狄宛二期 M302 屬此等。既知口貌近方，即須依某方狀考察此葬闕貌與曆義。此辨識不獨涉及貌辨，而且涉及曆算與得數檢討。

準方闕雖有方角，但仍有長邊不平行之狀。如此，任一近方葬闕之源仍是銳角。其狀頗似縮小後有關節骨錐之尖銳部。依食用動物解剖學得知，羊小腿骨上骨節〔註4〕、鹿小腿骨上骨節部骨端係弧面〔註5〕。依骨錐述黃道與天球赤道面夾角，今知準方闕如準條闕表意相近。唯準條闕述星象在近，而準方闕述星象在遠。此差本乎準方闕兩長邊間較寬，兩延長線相較於遠方，故述星象在遠。

〔註 4〕金龍沫：《食用動物解剖學》，中國人民解放軍獸醫大學訓練部，1984 年，第 11 頁。

〔註 5〕于洋：《特種經濟動物解剖學》遼寧科學技術出版社，2013 年，第 55 頁。

（3）準圓闕

狄宛二期「甕棺葬」之一係 M213，此遺跡闕下見甕納兒童骨殖，但此甕位於闕內，而且，此闕平面圖輪廓似納骨殖之甕口覆圓底缽傾斜之狀。

此等遺跡甚難檢討，其故有二：第一，其著雖考兒童骨殖埋葬之用事起源。但骨殖處所與函骨器處所有何天文學關係，係根基疑問。第二，如何考究其曆算與星象義。

檢準圓闕外廓近圓，而且甕口覆缽或盆後通體傾斜，狀似天球內凹面有地球劃線。而且，地球或在北邊呈圓、或呈平。呈圓，故在祝巫欲顯地軸與北極有夾角。呈平，故在祝巫述日照帶不及北極。其述星曆義自此派生。各程度曆算俱依度當日算術。準圓闕之源乃至近圓闕之源後將檢討。

2. 孤葬闕走向印記祝巫宿度認知

1）依頭向辨葬闕向

（1）頭向印記祝巫思向

成人葬闕內，頭骨所在方位角已被發掘者測算。《發掘報告》（下冊）附表一〇俱葬闕頭骨方向角係葬闕曆考基礎。祝巫骨殖被瘞埋者如此擺放，其故在於嗣承祝巫知曉葬闕主生前察宿，見其功業。以如此擺放印記其功業。

另一狀況是，祝巫如此擺放骨殖，故在祝巫已見某天區星宿，無他途記述，唯堪行此途。如此，掘地為闕，擺放某祝巫骨殖或犧牲骨殖。

如上狀況出自某種不得已：晝能察日行，晨見日東升，午見日在南天中，或見日在頭頂。人在地上，日在高處。但夜察星宿者知曉，日落即被掩藏，欲知日所，須先知日在下，日在察星者目力不及之處。但日落之處堪被記錄。故日行道之認知本乎祝巫逐夜察日落之所，知昏刻被地掩蔽之日如何還歸晨出之所。每日出點、落點變動，從而得赤經面變動之率。以晝夜陽陰論，察星宿者唯以陰察星。日被掩蔽喻日在土下，察行道於夜者也須在土下。否則，不能得日。此乃祝巫以葬闕埋骨殖，述自察宿與他察宿之思向。

（2）祝巫察星有度暨葬闕納器為交器

前言頭向角乃曆考基礎。此曆含星曆，而且星能含恆星，也能含行星。而觀星須面向，須目向。頭骨以顱骨為要，而顱骨並即。顱骨前面為額骨，

額骨之下當間爲眉間，再下爲鼻骨，左右兩邊爲額骨眶面，眼眶內有淚腺窩，其下有眶上裂，其旁乃視神經管〔註6〕。確切而言，眼眶向何方，對應處乃祝巫查看星宿之域，此域乃天區。

設擬祝巫立地察星，其足在地心之上地表，依頭向角爲效，故見祝巫察星之域。如此，即得葬闕訓釋關鍵參數。此外，葬闕見器乃明器。明器能旁證祝巫察宿。明器被祝巫用於記述星曆。此題後將申述。

2）祝巫選址察宿與葬闕頭向闞印記宿度

（1）祝巫昏察日軌選立足點

圖見菱形喻葬闕所在探方，近探方擴方。小者喻探方某層見一葬闕。大者喻探方下有數座葬闕。T213下葬闕最多，T212、T203擴方次之。赤色菱形記錄祝巫察宿處所，祝巫立足處被並記。其雙足立點當間向下延長線即地心。貫穿地心能及陰面。設擬陰面爲日照帶。

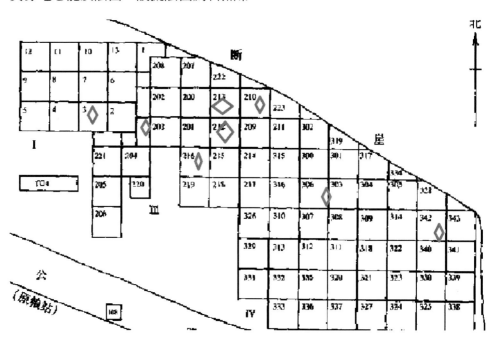

圖五九：狄宛第二期祝巫察宿所

T213下諸葬闕細節（不論程度論頭向與骨殖年歲）：

〔註6〕 米志堅、馬尚林等：《人體解剖生理學》，第2版，第四軍醫大學出版社，2015年，第31頁。

M215 位於此探方第 4 層下，男，25～30 歲，二次葬，40 度，「二次葬」，出土缽 AII 型四件、瓶一件，侈口雙唇罐等。

M216 也位於此探方第 4 層下，男，25 歲，30 度，較完整，出土缽四件、瓶一件、侈口雙唇罐二件，受 M215 雍。

M217 位於此探方擴方第 4 層下。此探方擴向何方，不知。男，30～35 歲，30 度，起出骨笄、骨鏃、骨「束髮器」、穿孔短褶矛蚌三件。

T212 下有兩座葬闕。M223 位於此探方第 3 層下，男，46°，腰殘。被 F237、F249 覆。F237 係狄宛第二期第 III 段營窟，F249 係狄宛第二期第第 II 段營窟。

M224 位於此探方第 3 層下，男，45～55 歲，15 度，下肢殘，隨葬狗骨架 1 具，被 F249 疊壓，前已考其曆象細節。

T203 擴方下有兩座葬闕。M201 位於 T203 西擴方第 3 層下，15 歲，80°，起出骨笄、骨鏃，被 H200 破損。

M202 位於 T203 西擴方第 3 層下，男，25～30 歲，110°，起出缽、瓶、侈口罐，骨笄、骨鏃等，雍於 Y203。

先後之辨：

M223 既在第二期第 II 段營窟下，M223 述祝巫察宿在狄宛二期第 I 段。M215 雍 M216，故 M216 早而 M215 遲。祝巫先察負 60°天區，後察負 50°天區。

（2）葬闕見祝巫察星赤緯度數統計

依《發掘報告》（下冊）附表一〇，狄宛第二期葬闕頭向明晰者十五座。而且其度喻祝巫察宿在天區，而且天區有赤緯度數。赤緯度數正負依天文學通例。如此，表由葬闕碼、頭向度、所在象限、祝巫察天球方向、察宿在度數如後表。此表頭向依象限編就：

表二九：狄宛第二期葬闕頭向宿度

葬闕碼	頭向度	屬象限	面向天區	宿直緯度
M222	10	I	南偏西	−80
M224	15	I	南偏西	−75
M216	30	I	南偏西	−60
M217	30	I	南偏西	−60

葬闕碼	頭向度	屬象限	面向天區	宿直緯度
M220	30	I	南偏西	−60
M221	30	I	南偏西	−60
M215	40	I	西偏南	−50
M219	40	I	西偏南	−50
M223	46	I	西偏南	−44
M218	50	I	南偏西	−30
M201	80	I	西偏南	−10
M1	100	II	西偏北	+10
M202	110	II	西偏北	+20
M204	120	II	西偏北	+30
M315	290	III	南偏東	−20

前表納如後兩疑：第一，祝巫察星時，心知地心。但何以見祝巫別踐土而察星宿？第二，爲何見祝巫獨以四葬闕述其操心赤緯負 60°南偏西處星宿？圖便對照，今再舉諸葬闕方向告日所黃經度。

表三〇：第二期葬闕顱骨在平面角及日所黃經寫記察宿

葬闕碼	角度	日所黃經度	節令與星區
M1	100	350	驚蟄後 5 日，西偏北天區
M201	80	10	清明前 5 日，西偏南天區
M202	110	340	驚蟄前 5 日，西偏北天區
M204	120	330	雨水，西偏北天區
M215	40	50	立夏後 5 日，西南天區：日落前逐日昇降
M216	25	65	小滿後 5 日，西南天區
M217	30	60	小滿，西南天區
M218	50	40	立夏前 5 日，西南天區
M219	40	50	立夏後 5 日，西南天區
M220	30	60	小滿，西南天區
M221	30	60	小滿，西南天區

葬闕碼	角度	日所黃經度	節令與星區
M222	10	80	芒種後 5～6 日，南偏西天區
M223	46	44	立夏，西南天區
M224	15	75	芒種，南偏西天區
M315	290	160	間葬闕；白露前 5 日，東偏南天區

3. 算宿度把柄與祝巫察日照敷節令

1）宿度計算把柄係地軸傾角 23.5 度

（1）祝巫依地軸 23.5 度傾角知赤道在南北回歸線中

檢斷崖述黃道面與赤道交角。赤道延長線乃天赤道。此赤道線乃春分晨刻、秋分晨刻日照線。由前事能推斷，狄宛祝巫知曉地軸與黃道夾角（地軸傾角）等於 23.5°。

既有赤道線，其北爲北回歸線，其南須有南回歸線。故知狄宛一期祝巫已知南、北回歸線。前著考證祝巫察星宿、豫日全食出自祝巫前輩天文傳教，以及第一期祝巫不懈斆力。由此也能推知，狄宛祝巫也知北緯、南緯。檢遺址中線爲 0 度經線。其東乃東經，其西爲西經。

知天球之中準乎地上星象觀測，狄宛祝巫畫零度經線。零度經線即南北中線。「天中」而「地中」之念涉及選址察宿。以日照論，赤道乃中線。知此線即知日「中」地之度。依此事推斷，中國之「中」術算之源不在西周岐山一帶，也不能在商或夏闕東治域，而在狄宛。「中」念頭存於狄宛第一期祝巫思向。北緯、南緯、東經、西經四向已定。祝巫察宿並關聯諸宿依四向四垣，而非三垣。

（2）宿度計算須加減地軸傾角

此處講宿度即頭向直宿度，此宿度堪視爲星宿與祝巫足下連線與地平交角。地平喻黃道，故而此交角即日所在軌道瞬時與黃道交角。視此軌道爲赤道不爲過。若欲知曉頭向角與地上日照角度關係，即須照顧日軌道與地軸傾角。今依增減算術嘗試列舉日照狀況，以得葬闕日照敷列。地軸傾角採 23.5°。

表三一：葬闕頭向寄宿度

葬闕碼	頭向度	宿直緯度	加傾角	減傾角
M222	10	−80	−56.5	−103.5
M224	15	−75	−51.5	−98.5
M216	30	−60	−36.5	−83.5
M217	30	−60	−36.5	−83.5
M220	30	−60	−36.5	−83.5
M221	30	−60	−36.5	−83.5
M215	40	−50	−26.5	−73.5
M219	40	−50	−26.5	−73.5
M223	46	−44	−20.5	−67.5
M218	50	−30	−6.5	−53.5
M201	80	−10	13.5	−33.5
M1	100	+10	33.5	−13.5
M202	110	+20	43.5	−3.5
M204	120	+30	53.5	6.5
M315	290	−20	3.5	−43.5

表具數與疑點：求算度數，今不以正負數算術，而循絕對值算術。此表最大赤緯角−103.5°，折算絕對值 103.5°。−3.5°不須折算，故在此度數仍在西稍偏南。「加傾角」欄得角度為日南行宿某星之處。「減傾角」欄得角度為日北行宿某星之處。

設擬加算此度數於狄宛祝巫不為怪異。彼等知曉一歲晝見日照。能依觀測規寫天球赤道，知地球運動，自知葬闕頭向隨著黃道面高地而變動。

2）察宿緯度精算及第 I 段祝巫天赤道全角

（1）照磁偏角精算日直宿度

前算日北行，最大傾角為南緯 103.5°，事在 M222。南緯 103.5°係地理緯度。南北極連線乃子午線。粗察狄宛祝巫作為，彼等知曉圓周運動，滿度360°，四分得 90°。此數字對照使人疑慮前算結果是否精確，甚或疑心基礎參數有誤。查狄宛發掘者測度葬闕頭向方位角依羅盤讀數。即使測量結果有誤差，但誤差絕不能如此大。澄清此難前須引入磁偏角話題。

　　地理子午線異於磁子午線。考古測量者不照顧磁偏角〔註7〕。須否並計，迄今未知。我以爲，欲細檢遠古文明，尤欲檢討迄今未知領域，須照顧諸細節。故須依磁偏角校正此度數。檢文獻不含狄宛磁偏角，唯見天水飛機場地磁偏角測算。今將此地磁偏角視爲狄宛磁偏角。文獻記天水飛機場磁偏角等於－1°54'51.3"〔註8〕。此度數堪用於校正羅盤測地理北極。〔註9〕今暫毛算磁偏角－2°，依此值查看前表宿度。其值顯負，故在指針偏西。附表一〇給葬闕頭向角減2度，即得校正值。

表三二：葬闕頭向角直宿度顧磁偏角

葬闕碼	頭向度	頭緯度	宿緯度	加傾角	減傾角
M222	8	82	－82	－58.5	－105.5
M224	13	77	－77	－53.5	－100.5
M216	28	62	－62	－38.5	－85.5
M217	28	62	－62	－38.5	－85.5
M220	28	62	－62	－38.5	－85.5
M221	28	62	－62	－38.5	－85.5
M215	38	52	－52	－28.5	－75.5
M219	38	52	－52	－28.5	－75.5
M223	44	46	－46	－22.5	－69.5
M218	48	42	－42	－18.5	－65.5
M201	78	13	－12	11.5	－35.5
M1	98	－8	＋8	31.5	－15.5
M202	108	－18	＋18	41.5	－5.5
M204	118	－28	＋28	51.5	4.5
M315	288	18＊	－18＊	5.5＊	－41.5＊

〔註7〕　馮恩學：《田野考古學》（第七章），吉林大學出版社，2008年，第179頁。

〔註8〕　趙淑湘：《天水機場磁偏角的測定及精度分析》，《礦山測量》2015年第4期。

〔註9〕　依磁偏角研究狀況，磁偏角能週期變動。此等研究係地震學研究要題之一。迄今，我未檢得甘肅張掖以東磁偏角變動週期。

　　葬闕緯度顯正者在西邊 0 度緯線上，顯負者在 0 度緯線下。幾乎俱在西經，即子午線之西。唯 M315 葬闕頭向角直星宿在東經，以＊凸顯。

（2）祝巫依星圖夜行半週天設擬夏至日察冬至日宿

　　前表見兩例不便以現代天文學確認：表雖見直北緯 4.5°某宿，但無一宿直 0°。M222 與 M224 葬闕頭向直宿緯度大於 90 度，前者多 15.5°，後者多 10.5°。如何解釋此二者，係一大難題。

　　依《發掘報告》（上冊）圖三，斷崖爲線段，子午線爲線段，此二線段相交度數約等於 24 度。此斷崖係歷史遺留，非狄宛居民修造。故而，此度數乃祝巫察赤經面心得積累。彼時無現代磁學或電學測量器。

　　既然斷崖走向與子午線交角約等於 23.5 度，可斷此線本係地球赤道線。此線向西北走向延伸線乃天赤道線局部。由此推知，狄宛祝巫宏大工程乃天球赤道摹寫。此力乃第二期若干施彩畫作基礎。

　　基於前考得知，赤道線乃日直射之所。此日，日晨昏俱在地平面，日軌道與黃道瞬時交角等於 0°。如此須斷，非葬闕不含某宿直零度，或祝巫不知春秋分日所在，祝巫以日直射赤道爲範或爲效，晨知日出地平線東，昏知落於地平線係。兩處俱有宿。《發掘報告》（上冊）圖三乃至圖五六俱旁證此事。

　　檢 M222 與 M224 葬闕頭向直宿緯度大於 90 度，前者多 15.5°，後者多 10.5°。此事出自祝巫於夏至日當夜察宿得冬至日星宿。此事非不可能。天球旋轉，即星體旋轉。在察冬至日察天球摹赤道而對照冬至點日宿、夏至點日宿。而且，祝巫對照之前，已將檢視夏至點、冬至點日宿置於兩赤經圈。此兩赤經圈非同心圓。

　　地球自轉，每 24 小時或 12 時辰一週。星空旋轉一週。每晝夜見周天宿。每夜察半天宿，耗 6 個時辰（《認星識曆》第 9 頁），晝不察宿。夏至日迄冬至日，毛算差 6 個月。倘若夜察宿用 12 小時，昏 6 點與晨 6 點察宿爲半天宿。

　　倘使在夏至日狄宛察宿，不能得冬至日星宿，故在此地晝長夜短，夜不敷 6 個時辰。祝巫能在冬至日察知夏至日星宿。祝巫能在多年驗證此事。後設擬在夏至日並知冬至日星圖，故設擬於夏至日察冬至日宿。並察南天星宿。如此，產生兩個天球畫，春分日天球畫，夏至日天球畫。前者局部如《發掘報告》圖五六或圖三記錄，後者唯堪依 M222、M224 對照推算而得。

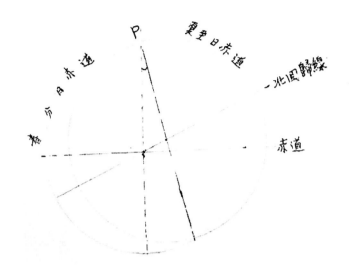

圖六〇：祝巫設夏至察冬至點

　　圖見 P 乃祝巫設擬於夏至日差冬至日日宿。水平線乃赤道，當春分日。P
對蹠點為冬至日日出前處所，晨刻向右攀升，出點在赤道南 23.5°。

　　今依此 M222 起出物對照 M224（前考喻夏至）起出物檢證前算。M222
起出缽 AI 型 2 件、細頸壺 I 型 1 件、侈口單唇罐 I 型 1 件、侈口雙唇罐 BI 型
1 件、骨笄 II 型 3 件（殘 1）、陶「束髮器」1 件（殘）、豕下頜骨 1 塊。

　　葬闕納五等星志器：缽、細頸壺、骨笄、「束髮器」、豕下頜骨。缽喻天
球，其義已顯而不須再考。細頸壺屬型不清，暫依《發掘報告》（上冊）圖一
二二第 8 器（標本 T322③：P20）模樣。此物施彩。中腰以下橫線述春分日照。
此線匹配當間右邊銳角三角。此三角頂端為圓點。夏至，日在頭頂，日在北
陸，日影短。此三角外，另無三角。光線長而且僅東有一線平行於三角東邊。
此線長，述日影能延長。顛倒此壺，西邊三線以瓦片破碎不見延長。依此畫
作線向，此三線能延伸於壺口以下頸部。

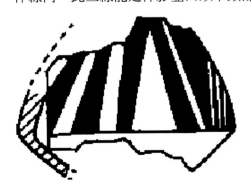

圖六一：標本 T322③：P20 細頸壺志
兩圓點與春分日照

三線向上，會聚一處，為第二圓心。壺面短直線述夏至日照。壺下呈弧狀，弧寫圓，故以圓訓。

骨笄1殘2全須解釋。骨笄能摹寫圓外接線：骨笄為直，插入髮髻，而髮髻在頭皮百會附近。此處為弧狀。二骨笄全，喻此葬闕蘊藏兩等天球外接線。外接點喻立足點，或在春分日當夜察宿，或在夏至日察宿，或在冬至日察宿。而冬至點、夏至點乃赤經面與黃道面相交點。二骨笄述此。殘骨笄或殘餘半，或殘餘不足半。但此線短於另外2根骨笄。推測前2骨笄等長，殘骨笄為其長之半。如此，春秋分、冬夏至之義被顯：半長喻晝半，殘其半喻夜長等晝長。剩餘等長骨笄喻長日、長夜。

「束髮器」之名唯述功用，不顯狀摹星曆義。前著已考此器消息義，今補迄天文義。此物係瓦器，以迄色能喻黃道。骨笄顯日照之半、晝至長、夜至長。但日照在地，地平能為黃道。祝巫以此二物述黃道，兩半合為滿黃道，半述半黃道，傾斜即喻赤道面與黃道面相交。

豕下頜骨能喻六月，夏至日後毛算第六月當日為冬至日。前著已考其喻六之術算源，此處不贅言。如此，M222為祝巫察冬至日宿度之葬闕。

（3）謀求二至點與二分點

狄宛第一期以降，祝巫能查星宿、能為曆算、能以素闕、葬闕、營窟記曆表。但有一問困我甚久：狄宛祝巫用週天曆度總計幾度？檢考此題須準乎春分點。祝巫察宿旨在為曆，為曆旨的在乎定歲時。分、至乃節點，而且春分點係謀算回歸年之點。前著已證，狄宛祝巫能為曆算，而且曆算起乎日全食、月全食查看。狄宛臨界日全食發生日密連秋分日。如此，祝巫形土為素曆闕算前番秋分迄今番春分合乎數術跬步。今先定冬夏至點，以為參照。

依前考得知，M222宿度述冬至點。另依前考，M224宿度述夏至點。夏至宿度與冬至宿度相差：

$$-105.5°-100.5°=-206°$$

此度數大於平角：

$$206°-180°=26°$$

夏至點當菁宿，前考M224有菁宿（井宿）。M222當何宿，後將考證。

檢M217記錄春分點覓求：西向而察日軌道面上昇，自南緯62度察見日落點逐日上昇。M201考日落點上昇，在南緯−12度。祝巫謀求春分之證有二：第一，冬至後、春分前，日影較長。堪以軌道扁而不圓記述。其次，M217起

出物有穿孔短褶矛蚌。矛蚌較長，摹寫軌道橢圓，喻溫熱緩來。M204、M202、M1記述祝巫不休查看日降落，自北緯28度以下，日宿於北緯18度，後宿於8度。倘使祝巫察日昇，謀求春分點，自M1起查看，迄M202，後見日直射赤道，得春分日，如斷崖。後向北進。

（4）察星屬垣

此處取四垣（方）說，但不採四象說。四垣本乎祝巫察宿習慣。前考第二期祝巫察宿位置圖佐證，祝巫頭在8度察南垣，在13度同樣察南垣。在48度處察西垣，在118度仍察西垣，在288度處察東垣。對照頭向度，矚目南垣者眾，矚目東垣者寡，不見察北垣。其故何在營窟星曆圖已涉及此題，氐宿、亢宿、房宿等已知。

此三垣之南垣已考星宿有菁（井）宿、張宿、天狗、爟宿、弧矢、水位等。西方七宿之參、奎宿等已知、北方七宿天津、斗、牛、室、壁、文昌、內階。

3）顱骨外骨殖與瓦器曆義及葬闕曆算

（1）顱骨外骨殖曆訓須依線角面

顱骨之外，有上肢、下肢、軀幹（脊椎）須細檢。依前著考證途徑，須察上下肢骨擺放方向。方向蘊藏角度，角度本乎交線，故須察交線所在與所自。唯如此，能溯跡某個平面，依此平面查看某點曆度或日照。

骨殖有無日數、月數義，此問不堪一言而答，須察某骨殖全否，擺放位置，乃至擺放模樣。而後始可言有無數術義。

（2）葬闕骨殖配器存於器闕

前言以葬闕替換「墓葬」。葬闕發掘伴隨器物起出。器物乃配器，係埋葬者歸配骨身之器。此器固可擺放骨殖旁，或擺放於腿骨側、肱骨側、或足下、或顱骨旁。埋葬者也可在葬闕旁另挖一闕，依天文表意擺放數器。此事頻見於狄宛第二期葬闕。此處絕非穴室。而且，自《西安半坡》發掘紀實出版以來，考古界徧知葬闕能傍此穴，唯不知如何命名。

我命此等「穴」曰「器闕」，故在祝巫形土爲闕以納骨殖配器。發掘者言葬唯指骨殖之葬，不指器物。器物堪藏，但不堪葬。考古界講「隨葬物」之名不能指實：言「葬物」不塙，言「隨葬」類似陪葬，而「陪葬」喻死者安葬須有他人從葬，春秋秦國有此俗。

濮陽西水坡遺址有多座葬闕，但不得命主葬闕外其他葬闕骨殖爲陪葬骨殖。彼時有無後世「安葬」，尚須考證。豈可輕言「陪葬」。

器闕納器，此俗綿延以迄商周。頻見發掘紀實稱，發掘窖藏某物。所謂窖藏，其實係器闕。殷商遺址發掘曾見穴納器物，諸穴其實是器闕。器闕非孤在遺跡。其附近定有他遺跡，譬如葬闕。

器闕納器訓釋較難，故在器闕納器多寡不定，而且器別搭配之故不清。依我迄今辨識，器闕納器曆義乃至星象義須循「交器」訓釋。交器者，祝巫以器某端延長線與某線相交。某端或喻平底器之底，或器口沿平面，由此畫線，使之與某線相交。而後，依交角或某平面圖樣檢討祝巫用心。

（3）葬闕器闕曆算

葬闕曆算不難，唯循度當日算術。基礎參數係諸程度：寬程、長程、高程。若無眞矩形葬闕，須畫線求算曆度。並且，須對照曆度與度當日算術得數。

器闕曆算不得別樣：諸程度爲度當日算術參數，得數須對照器闕納器星象義。澄清此二者後，對照前得數與此處得數，辨識特別曆義。

4. 孤葬闕納拆理骨殖訓釋基礎
1）「二次」「斂骨」葬駁議暨祝巫類別骨殖
（1）舊說依葬次或骨殖連否命埋葬去祝巫曆爲甚遠

涉埋葬，考古界舊說立足於葬俗說。而且，葬俗說被繫於考古文化說。此說局部在百年前源自西方。彼地學人不能通觀遠古文明進益之跡，故以區域爲界，勉強爲說，不得命曰成說。前著之前，無人嘗試以文明踐步展示舊事。涉埋葬，學界舊名俱係暫命待更狀態。今嘗試剖析「二次葬」、「斂骨葬」二名謬誤。

凡言「二次葬」者，承認先是存在「首番葬」。但無一考古者能證實首番葬。既無佐證，可斷「二次葬」一名出自臆想。依考古門名類，凡目睹古物狀、物度、物位、物象，睹者須自爲考述，目不睹即罔存。物狀乃古心念辨識基礎。而且，祝巫心念與心形之類屬高端認知，此認知傳及後世，而曾知隨祝巫亡故而消。但考古者須基於物象辨識此等高端認知。此事須調動大量旁類知識，此乃事之必然。考古者不事目睹骨殖與地穴檢討，由狀及象，而恃臆想名物，不外巧言僞飾。

「斂骨葬」之名稍述舊聚，不事骨殖外狀與方向辨識。斂喻會聚。散亂而後會聚。但問，如何散亂？人骨殖本乎生者喪命，生氣盡亡。肉身腐敗而骨殖顯露。此乃自然。喪命有多途，毆擊致死或窒息致死，俱能得尸體。有尸體即將得骨殖。肉身腐爛，骨殖渾全，不須斂骨。故斂骨前須先拆解。但體解骨殖之名牴牾考古界亡者有「心靈」說。故無一考古門教科書檢討此題。

凡言「斂骨」者，須先承認死者骨殖體解。「斂」字唯述會聚，斂骨二字述會聚骨殖。為何會聚、如何會聚、會聚者有無類別等話題盡被考古者柵欄。聚斂者圖全，而祝巫不在乎骨殖全否，唯操心某骨頭堪否表達曆義。如此，「斂骨葬」之名無思向或定度。此名既不清言舊事，考古門須捨棄此名。

（2）祝巫拆理骨殖八名與五理

體解乃骨殖掩埋前要事。體解事涉人體解剖學。此術在中國屬更早藝能。我檢舊石器時代乃人體解學起源時期。諳熟體解，此乃新石器時代藝能。此言基於舊石器遺跡發掘報告檢讀。此等文獻記述兩題：第一，發掘者承認，彼時祝巫能用毆擊器、銳器。諸器堪用於體解。毆擊器擲中某獸即擊傷，奮力頻擊重擊致死。分食須用銳器。第二，舊石器遺址罕見起出人類肢骨。我推測其故在於，祝巫雖知物狀，也知星宿。但無埋藏物狀之念。而物狀別自然狀，人工狀。體解而理骨、效某狀擺放骨殖，此乃人工。但擺放別初階與高階。

初階擺放乃偶爾擺放骨殖，記述某時星宿查看。而高階擺放乃祝巫圖久存某狀之為。埋藏後返回故里，再揭露，此乃加深曆日認知之途。舊石器時代遺址不見肢骨或顱骨在遺物地層，唯一解釋在於，彼時祝巫尚無條件埋藏曆日骨殖，此狀況背後係當時某種謀食途徑，譬如近河便於謀食，不便埋藏某種骨殖曆志。丁村遺址第 100 採集點第 III 層礫石層底部曾起出三枚人類牙齒化石。堪為旁證〔註 10〕。

體解之源或在於奮力打擊致損，皮開肉綻，碎骨凸顯。此狀使圍獵者驚愕，而後知血、肉、骨之別井然。肉與腺體管狀組織之別隨後被記憶。太初體解或許唯涉獸類體解，仇恨或寡食能促使祝巫將毆擊之石擲向同類。剔骨取肉隨從體解。在新石器時代，若無食慾誘導，體解乃高等藝能，不涉洩憤、報仇。祝巫體解某人遺骨精細，此致擺放骨殖依察宿觀象。彼等所需非血非肉，唯骨殖是圖。骨殖乃總名，此名藏若干細部。祝巫體解時，須依曆為類別骨殖。

〔註 10〕 裴文中等：《山西襄汾縣丁村舊石器時代遺址發掘報告》，科學出版社，1958年，第 15 頁。

依迄今考證溯跡祝巫體解，體解者須別骨殖八名：曲直、平弧、圓方、剛柔。曲者摹彎，弧者記圓殘，或圓轉某截。圓者記回環，方者記靜。前著見近方闕納骨殖輒訓釋爲觀象遺跡，故在祝巫以方能靜，方上立足不動，能細查星宿。圓穴納骨殖，固爲葬闕，但其義別於前訓條狀或近方葬闕，如關桃園前仰韶第三期 M23、M26。此題後將聯繫幼童骨殖納於圓闕考述。

前言八名，而六名盡繫剛柔。祝巫體解而別剛柔，謀求耐久。剛者耐久，柔者易腐。圖久存曆志，故須堅硬骨殖。柔軟骨殖頻被剔出，此不爲怪。發掘者不能見軟骨，故本在此。骨殖埋而爲曆志，但祝巫能動觸舊曆志，遊獵驗證之後，還歸故里時，能揭露舊曆志，更改骨殖舊貌。更改能致散亂，更改能致舊骨頭數減少。最大更改即清除舊葬闕骨殖，唯留空葬闕。此事於發掘者不爲怪異。

拆理納拆、理二事。其難點在於別骨殖而擺放。擺放、加工俱係理。而擺放須有憑依。祝巫依察宿理、依察日出落理、依曆度理、依觀象理、依配器理。清除某葬闕骨殖，此乃清除曆志，非理骨。任一清除皆係否認舊曆與舊識。祝巫無神力，唯知恃物申述時義。

2）狄宛孤葬闕納拆理人骨訓釋基礎

（1）第一期 M307 納拆理骨殖甚寡

在渭水流域，考古者揭露前仰韶、仰韶時期葬闕甚多。納拆理骨殖之例甚眾。狄宛第一期 M307 猶如極端，見骨殖甚寡。此葬闕訓釋見前著。當時，限於要題關聯，未依葬闕系統表述，今須補足。發掘者述，「該墓」「僅存零星人骨，葬式不清」（《發掘報告》上冊，第 62 頁）。「零星人骨」出自祝巫拆理死者骨殖。拆骨之後，擇肢骨局部與其他部位骨殖殘部搭拼，表述星曆義。

此葬闕係孤葬闕，故在此闕納骨來自一人骨殖。肢骨較長，理出一根須截斷。闕納片狀骨殖來自髖骨、顱骨加工。理骨依據係某祝巫欲摹略某星象。此理即形，係賦予新狀作爲。故而，祝巫須加工骨殖。此後，依旨的物狀擺放，終得欲求骨殖模樣。發掘者命此遺跡爲「墓葬」符合事理。但「僅存」之言不搞。祝巫本欲如此，故不得言「僅存」。

（2）第二期 M222 係拆理骨殖葬闕

狄宛第二期葬闕 M222 納拆理骨殖多枚，唯不見股骨。依發掘者所見，

M222 係第二期諸葬闕最早一座。依鑒定得知，此處骨殖來自成年男子（《發掘報告》上冊，圖一八七）。發掘者述此葬闕「方向 10 度」。檢此言基準係圖一八七拆理骨殖中央條狀骨殖，沿此骨殖走向畫線，此線與子午線交角等於 10°。

　　祝巫理顧後，殘存顱骨樣貌不清。肢骨擺放看似散亂，但有參照。發掘者定「方向 10 度」僅爲一隅。此處肢骨容許畫線若干，唯堪畫線段不爲緯線。顱骨眼目部骨殖不清，無以斷定祝巫以顱骨述察何方天區。配器訓解能輔訓此葬闕曆義。

　　總之，狄宛第一期、第二期孤葬闕納拆理骨殖係渭水流域最早納拆理骨殖葬闕。狄宛祝巫後嗣遷徙它地，此等爲曆途徑散佈。檢 M222 闕長 1.84 米，同 M219 闕長。此告狄宛第二期祝巫埋拆理骨殖尚不照顧節用體力、地表面積。

（二）近渭水諸遺址與葬闕曆訓要略

1. 白家村半坡姜寨與葬闕骨殖如生擺放曆訓

1）白家村及半坡與葬闕曆訓要略

（1）辨識闕向與顱骨面向乃與葬闕曆訓門徑

　　題見「如生」喻如有性命。考古界慣用「合葬墓」命壙納數人骨殖，今啓用與葬闕代之。檢三代無「合葬」禮。季武子曰：「合葬非古也。自周公以來，未之有改也」（《禮記・檀弓》）。又據此篇，孔子曾合葬父母遺骨於防。依此知後世合葬本乎春秋。

　　考古界言若干人「合葬」，但無學人駁議季武子說。既不駁議，反季武子之言而言遠古「合葬」，此乃《墨子・大取》同異辯之「強」說。設使某學人細考若干骨殖葬在同闕，考究而認定「合」義，我等自當認可。但迄今未見考古門如此嘗試。

　　依《發掘報告》（上冊），狄宛二期無一葬闕係與葬闕。發掘者僅見孤葬闕、間葬闕之「甕棺」葬闕。孤葬闕固含星曆義，與葬闕也有星曆義。唯其訓釋須照顧兩向度：第一，葬闕向度。第二各骨殖之顱骨面向，或曰眼眶朝向。前者乃諸骨殖曆義基準。後者乃各骨殖曆義求得基礎。倘使骨殖層疊，須以後置骨殖曆義爲前骨殖曆義之增補，但非更改。今略考前援臨潼白家村遺址狄宛一期與葬闕 M22，以爲例證。

舊訓合葬墓限於依骨殖層疊辨識骨殖放置次第，乃至「墓向」辨識。例如，發掘者述白家村屬狄宛一期 M22：「根據疊壓關係，七個死者的放置先後，可作出如下判斷：先葬 M22：B、E、G，再葬 M22：A、D、F，最後入葬的是 M22：C」。發掘者言此「墓向 270°」，此說出自兩線段交角。兩線段：子午線、在 M22：D 顱骨末端靠近肱骨處畫線，聯此副骨架骨盆右翼鑽孔。此二線段相交得 270°。七副骨架含三副童骨，年齡 4～13 歲（《臨潼白家村》圖一五，第 16 頁～第 18 頁）。

七副骨架顱骨眼眶部朝向不一，此事已被發掘者察知。但發掘者考「墓向 270°」非塙。恰當度數是 278°。檢 M22：D 左肱骨與 D 骨殖骨盆右翼鑽孔連線係葬闕方向基準，此線與子午線交角在第四象限，檢度數等於 8 度許，準乎子午線右旋度數，得 278°。倘使備細訓釋此葬闕，須盡畫六副骨殖股骨走向、及其與腓骨交線，並對照諸交線與 B 腿骨走向之交線。B 骨架雙腿伸直。此副骨架顱骨眼眶部向正南。正南乃夏至日宿之所。依諸狀況，M22 記錄祝巫察宿圍繞夏至前後日宿、日照。其餘顱骨眼眶朝向也須照顧。此事甚耗篇幅，此處不加深究。

依前訓得知，於埋骨殖諸祝巫，顱骨擺放喻面向、目向。數人骨殖既可同向擺放，也可異向擺放。若見數人骨殖同向擺放，其曆訓須異於異向擺放。如此，訓釋者遇同向擺放骨殖，其顱骨面向參差須喻察宿所在天區截段參差，天區截段即天區度別。倘使數人骨殖異向擺放，須察甲軀幹連顱骨線段、乙軀幹連顱骨線段角度差。頻見發掘紀實記「頭向」角堪為參數。總之，與葬闕含複雜星曆認知，須備細檢討各肢骨走向、顱骨面向，軀幹線條等線段，及各等交線。

（2）半坡與葬闕等別及星曆義

依《西安半坡》圖一四三，M38 見四人骨殖埋於一穴。依此文獻圖一四五，M38 納四具骨殖，四人骨殖自北向南並擺。頭在西，能東向察宿或日出。而且，四人顱骨盡在。尺骨、撓骨、腓骨存數不滿。脊椎椎體不全。肋骨散亂而且不全。此葬闕見骨殖被祝巫二次處置，故見散亂、短少。此等處置係為曆，非謀求殘損亡者骨殖（第 200 頁～第 203 頁）。

倘使二人與葬闕骨殖並擺如 M38，其訓釋途徑如前，譬如《西安半坡》圖一四三記 M39。倘若二人或多人骨殖非並擺，而見反向，譬如兩副骨架顱

骨反向，成 180°角。此外，能見兩顱骨相抵，兩骨殖中線相交，見某角度。第三，兩骨架相交。

　　前者如件 2 人骨殖並擺埋於一穴。骨殖俱呈西——東走向，顱骨在西。第二等如《西安半坡》圖版壹捌零之 2，葬闕底面面見四顱骨（M129～M133），每兩顱骨互成 180°。又依圖一四四，M142、M143 見兩骨架相近，前者頭向東北，後者頭向西北，兩骨殖顱骨相抵，狀似鈍角兩邊。第三等係圖一四四 M131、M132 兩骨殖軀幹相交。M131 南北走向，顱骨在北，腿骨在南。M132 呈東南——西北走向，頭在東南，軀幹向西北伸展。

　　前述三等葬闕骨殖模樣俱堪訓釋。第一等，每兩顱骨互成 180°喻祝巫察春秋分日照或日宿。平角 180 度喻赤經面、黃道面晨昏瞬時平行。察日上昇與察日下降為反向。故見顱骨面向相反。

　　第二等譬如圖一四四 M142、M143，此二者納相近兩骨架，前者頭向東北，後者頭向西北。祝巫以此二頭向述察東北與西北日宿處。日宿東北，即見日下降。日宿西北，見日軌道上昇。

　　欲訓第三等，須知祝巫以 M131 顱骨在北述祝巫察夏至日直大火星、井（菁）宿等。而祝巫以 M132 頭在東南述日夏季日落宿所。

（3）半坡 M38 與葬闕曆訓略要

　　葉片狀朱線乃尖底瓶平面輪廓，此畫乃狄宛第二期效畫之一，後著將體訓聖人畫作，屆時別其模樣細訓曆義。此外，此外廓不異於阿拉斯加上太陽河遺址雙嬰橢圓圖樣，詳後訓。此係聖人摹寫赤道面圖樣，非放寫樹葉。

　　若言尖底器之尖底瓶，此器成於狄宛第二期第 I 段，F2 遺跡起出此器。N下線即子午線，此線來自《西安半坡》圖一四五。N'線係圖上子午線。西南角肢骨上畫朱線乃緯線。

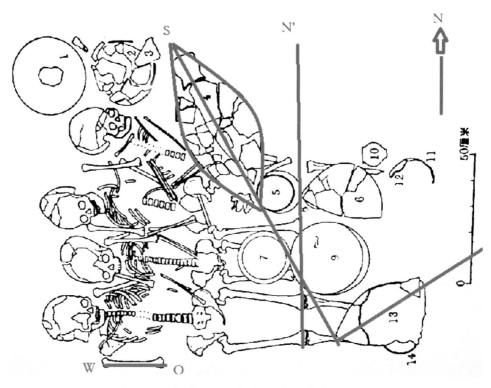

圖六二：半坡 M38 與葬闕線示察宿與日照

檢四副骨殖顱骨不盡全，但面顱俱在。故堪訓釋祝巫擺面顱視向。北一顱骨左傾覆顱骨，頜下墊細小肢骨，為下限之象。目視方向平行於南邊西南東北向朱線，斷此祝巫察東北向日出，時在夏季，甚至夏至日。如此，股骨上擱置尖底瓶走向乃夏至走向。

第二骨殖之面顱視向足底右前方，此方向近平行於緯線，但在緯線之南，時在秋分後或春分前。第三骨殖面顱目視正東，係秋分、春分察日出之象。第四骨殖之面顱視向東偏北，在春分後或秋分前。

前訓唯饋給 M38 訓釋基礎。若欲窮盡其星曆義，須得發掘細節日誌。此資料尚未面眾。

2）姜寨第一期與葬闕納長幼骨殖曆訓

（1）M96 程度與存骨

與葬闕納長者、幼者骨殖之例見於臨潼姜寨遺址一期 M96。發掘者述，M96 係「二人一次仰身直肢合葬墓」。墓壙「長方形豎穴」，長 2、寬 1、深 0.3 米，坑口距地表 0.45 米。墓向 270°。人骨架近全存。（1）號頭骨向西，面

向上，上肢直伸置於上身兩側，下肢亦直伸，爲四十歲左右男性。（2）號頭向西稍偏北，爲一個7～8歲小孩。無隨葬品（《姜寨》圖五四左，第56頁、第58頁）。發掘者言（1）號係長者骨殖次碼。（2）號係幼者骨殖次碼。

檢二副骨架不全。長者脊柱近全，缺右臂腕骨，髖骨被拆解。肋骨不全。幼者脊椎不全。缺肱骨、尺骨、撓骨、腓骨。欲訓此與葬闕，須依前著曾行途徑檢討星曆細節。

（2）M96星曆與度當日曆志暨狄宛第二期觀象世代相傳之證

此與葬闕訓釋涉及二題：第一，長者察宿或日照細節。幼者殘存骨殖有何義。第二，二者爲曆義互補骨殖，抑或曆義並列骨殖，或二者位置有他義。

增畫線段WO喻緯線西東、線段A喻長者脊柱走向，此線與緯線相交。線段B喻右肩胛骨向左肱骨尺骨接茬延伸線段。此線段與脊椎延長線A相交，狀似「乂」。股骨、腓骨垂直於子午線，當緯線。長者骨殖缺足骨。倘若設擬長者坐起，線段B爲子午線。線段A與子午線相交，並向東偏北傾斜。以骨殖屬死者爲祝巫，祝巫臥而立身察東偏北天區。此處乃春分後日軌道抬昇之所。此處也能見日軌道面降落。時節當秋分前數日。

幼者骨殖雖寡，但顱骨仍在。線段A'平行於線段A，此喻身體傾向類似長者。眼眶朝向似長者眼眶朝向。據此二者推斷，幼者相學長者察春分、秋分日出前後天象。幼者肱骨、尺骨、撓骨、掌骨並喪，此喻幼者無膂力、無尺度、不得指引。蓋掌骨有指，能指向。肱骨連臂膀，有氣力。尺骨撓骨有度。但與葬年長者身旁，不得有諸能。祝巫長幼之序森嚴。

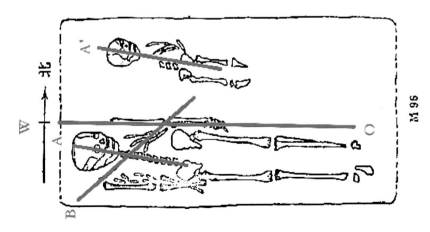

圖六三：姜寨M96與葬闕線顯察宿與日照及祝巫教觀象

M96 乃中國古祝巫世代傳習觀象之最佳佐證，依此證據得推斷，狄宛二期之前。

M96 與葬闕度當日曆算：

長度當日：

2÷0.33＝6.06

6.06×3.0416＝18.4

寬度當日：

1÷0.33＝3.03

3.03×3.0416＝9.21

深折算 1 尺。深 1 尺度當日：

2. 姜寨第二期拆理骨殖與葬闕曆訓暨「亂葬」說反正

1）拆理骨殖層疊與葬一闕訓釋途徑

（1）與葬闕納數層拆理人骨曆訓難點

檢大陸各地仰韶遺址發掘紀實，埋葬遺跡相差不大。若論透視埋葬遺跡之難易，姜寨遺址第二期埋葬遺跡最難訓釋。

又依發掘者述，姜寨第二期墓葬以多人二次合葬最多。「二次葬」154 座。多人合葬以二十具以下者最常見，多達一百一十九座；「多人二次葬的葬式多種多樣：有的墓內將若干個體放作一排（M111）；有的分作數排排列（M77），有的上層亂葬下層依次排列（M205）；還有的上層人骨疊壓房址，下層置一次藏人骨（M84）；亦有部分排列和層次亂葬的（M168）。」「二次葬除亂葬者外，每一個個體放置比較有規律，分兩種情況：一種是將頭骨置於中間，四肢骨置於頭兩側，其他骨骼置於頭骨東及四肢長骨之間，還有把髖骨置於頭骨兩側的；另一種是將骨骼東西向放置在頭骨東部。以第一種最為常見。」

《姜寨》錄十九幅與葬闕納拆理骨殖平面圖，發掘者述諸葬闕程度、朝向，顱骨位置、肢骨位置，配器等，但不言顱骨面向。十九幅圖是：圖一二三 M257；圖一二六 M83 平面圖；圖一二七（A）M84 第一層平面圖、圖一二七（B）M84 平面圖；圖一二八 M169 平面圖；圖一三三 M299 平面圖；圖一三四（A）M75 第一層平面圖、圖一三四（B）M75 第二層平面圖、圖一三四（C）M75 第三層平面圖；圖一三五 M111 平面圖；M 一三六（A）M205 第一層平面圖、圖一三六（B）M205 第二層平面圖、圖一三六（C）M205 第三

層平面圖、圖一三六（D）M205 第四層平面圖；圖一三七（A）M208 第一層平面圖、圖一三七（B）M208 第二層平面圖、圖一三七（C）M208 第三層平面圖、圖一三七（D）M208 第四層平面圖；圖一三八 M358 平剖面圖（第 160頁～第 181 頁）。

　　檢諸圖樣，見眾與葬闕模樣參差，甚難訓釋。訓釋難點有三：其一，如何辨識上層、間層、下層拆解骨殖曆志關係。第二，如何辨識各層拆理骨殖曆義。第三，如何認定拆理骨殖葬闕與孤葬闕曆義差別。

（2）納拆理骨殖與葬闕曆訓途徑

　　迄今見各地仰韶時期葬闕多樣，唯納姜寨二期層疊拆理骨殖葬闕最難訓釋。考古界以「多人二次葬」指稱此等葬闕。發掘者曾照顧三題爲說：第一，若干人「合葬」認定。第二，層疊關係辨識。第三，配器類型辨識。「合葬」說乃強說，前已澄清。層疊辨識之爲須認可，故在與葬闕曆訓仍須基於疊置顱骨肢骨體屬關係辨識，乃至此副骨殖與上置骨殖辨識。與葬闕動輒納骨殖屬數十人。不爲此無以別上下層骨殖曆義互補關係。起出瓦器被歸類，此說迄今支撐著區域考古文化說。

　　我以爲，遇層疊與葬闕，須先別下層骨殖要部方位。若見配器，須照顧諸器曆義。須照顧其模樣與朝向，口沿走向與中線走向辨識乃曆義辨識基礎。數人顱骨俱須照顧，也須照顧其肢骨向度。諸向度喻指日宿與日照。謀求向度之途在於畫線過肢骨。諸向度包含待檢葬闕子午線、或緯線。

　　澄清下層拆理骨殖曆義，而後察間層或上層與葬闕曆義。而後，須照顧各層與葬闕底面自下而上變遷。此尺寸變遷含度當日曆算變遷。此參數乃遺址祝巫爲曆佐證，甚或能旁證祝巫滯留此遺址時段。

　　照顧考古界迄今未曾依曆度求算途徑訓釋各等葬闕，尤須照顧被發掘者命爲「多人二次亂葬」諸遺跡，譬如 M358。倘使某與葬闕納拆理骨殖之上層被視爲「亂葬」，但下層被視爲「下層疊壓式合葬墓」，此時也須細審上層，例如 M205。度當日算術如舊。

2）姜寨 M205 上層曆訓

（1）舊說 M205「上層亂葬下層疊壓」

　　M205 在姜寨非孤例，另有五座葬闕有同類構造：M137、M198、M206、M333、M370。依圖述澄清此與葬闕曆義，乃通鑒同類與葬闕基礎。

發掘者述:「上層亂葬下層疊壓式合葬墓,以 M205 爲例。M205 爲八十二人二次合葬墓。墓壙爲長方形豎穴,長 2.76、寬 1.92、深 0.6 米(圖一三六,A——D)。墓向 270°。上下分四層:第一層二十三具個體,其中男性二十個,女性三個,頭向混亂,其它骨骼毫無規律,隨葬陶器六件」(《姜寨》上冊,第 176 頁)。發掘者述此葬闕朝向不細。彼等未曾照顧此壙東北喪角,非長方狀。另外,此葬闕朝向度數之源不清。

發掘者繪葬闕平面圖,配葬闕內諸物序碼,圖下清言諸序碼喻指。例如,第(1)——(23)喻「人骨架」。1、5、6 喻陶鉢;2、4 喻陶罐;3 喻葫蘆瓶。《姜寨》附表九具「第二期土坑墓葬登記表」,其續六(第 433 頁)第一欄並述 M205 諸層見骨殖頭向、性別年齡、隨葬物:61 顱骨向西、3 顱骨向北、4 顱骨向東、7 顱骨向南,總計 75 件顱骨,餘 7 顱骨位置不清。此與葬闕納中年 72 人骨殖(南 46、女 26),青年 2 人(男女各 1)骨殖。年齡不詳者 8 人骨殖。發掘者未別層述顱骨位置。又依此表,此葬闕未受擾亂。

對照此表其餘與葬闕顱骨位置,見位置不清之例絕非罕見。由此推斷,某數顱骨位置不清之事或出自發掘日誌不夠細緻,或發掘者不夠細心。但祝巫葬埋前疊置骨殖依察日宿或日照,放置骨殖或構件。如此,於檢討者,唯餘信賴平剖面圖一條路徑。而發掘者言饋給子午線乃確定參數。

(2)東北斜線爲此葬闕曆義辨識基礎

後圖本乎《姜寨》圖一三六(A)M205 第一層平面圖,但增畫了朱線。每線俱依肢骨走向。此葬闕此層無彎曲脊椎、肋骨。弧線唯見於顱骨頂骨、瓦器圓邊。如此,見若干線段。諸線段能喻日照,故知發掘者命此層骨殖「亂葬」不塙。而且,發掘者言此處有「人骨架」,此言不塙。檢此處無「骨架」,唯擺放骨殖。諸骨殖本乎拆理。發掘者「人骨架」三字透露,自發掘迄發掘記錄摘編而爲發掘報告,發掘者未曾澄清「骨架」與遺骨之別,骨體與體解之別。理骨之事也不爲他們所知。

圖六四：姜寨 M205 第 I 層曆志曆爲細節

　　此圖曆義辨識須先循狄宛遺址斷崖走向與子午線交角。如前訓，狄宛斷崖向西北延長線乃天赤道。而祝巫以斷崖走向摹寫地球赤道受日。日照赤道乃春分、秋分景象。此處須見與葬闕東北斜邊與子午線交角。我檢此交角等於 35°。此度數合兩季節：或在春分前，或在秋分後。其故：

35－23.5＝11.5

　　得數喻度數，即日照線與赤道交角差。由此知日照線在赤道之南。此角當日數，記此與葬闕述曆日之綱或在秋分後 12 日，或在春分前 12 日。此曆日乃 M205 第一層曆訓基礎，諸顱骨周遭肢骨曆訓須參照此數。其下諸層骨殖曆訓也須照顧此曆日。

　　（3）顱骨配肢骨辨識及曆義

　　顧《姜寨》圖一三六（A）顱骨次第，不見曆義之體。此缺不礙曆義求索。今從發掘者顱骨次第，並顧肢骨配屬或孤顱骨擺放而辨識曆義。原圖下（1）——（23）被命爲「人骨架」俱誤，故在此處無骨架，而見頭顱遺骨，照顧祝巫拆理，並依解剖學名曰顱骨。

　　顱（1）數塊似曾被拆解，後拼接。冠狀縫走向南偏西——北偏東，矢狀縫走向傾斜，若弧狀從冠狀縫中點向東偏北蜿蜒。依解剖學，冠狀縫與矢狀

縫相交成直角，今不見直角，故此骨曾被拆理。眼部所在不清，但能以冠狀
縫判斷眼眶朝西。此顱骨轄肢骨五根：西北一枚、正北一枚、東北二枚（一
長一短）、正東一枚。此無根肢骨搭拼甚有講究。西北一枚東偏北向西偏南延
伸，與緯線成 25°角，此角度喻日晨刻在正東偏北出。時在秋分前或春分後。
顱北肢骨斜置，幾乎與顱西北肢骨對偶。故此肢骨堪視爲日黃昏落點摹寫。
西偏北也是日宿處，在西垣。連此兩根肢骨曆義，得知此處記述秋分前曆算，
即秋分前 25 日。祝巫已具日宿處，唯不寫西垣此宿模樣。

　　東北長肢骨與正東肢骨西端相接，成夾角 30°，兩線在顱骨東邊相接。
而且，正東肢骨平行於緯線。如此可斷，東北向肢骨摹寫秋分前晨刻日出所。
此日數當秋分前 30 日，即秋分前 1 個月。此日數多於西北肢骨曆日數。二者
述曆日顯次第。日出點自秋分前 30 日南返，以迄 25 日處所。與顱東北肢骨
平行短肢骨輔助前二處曆義：肢骨乃陽剛之象，述日照。長骨頭能喻日勁，
短骨喻日不勁。秋分前一月，日照不勁。

　　顱東偏北，見骨頭一塊，檢其狀似骨頭關節部。此部顯被敲折，後擺靠
正北斜置肢骨。推測此骨頭來自東偏北肢骨，此肢骨缺關節。此塊骨頭有無
曆義，須徧檢前圖。以此骨頭爲端點畫線，若線段向東南西北四方延伸，毫
無向度含義，故在此線段逢遇障礙。有障礙即謂不通。此不通即日照不通或
日宿處星光不得透射，某處線端。若自此端向南偏東畫線，越過顱骨（3）、（11）
之間，向南偏東延伸，迄缽 5 與肢骨接茬處。此線段能關聯顱骨（11），故在
此顱骨不搭任何肢骨。

　　顱（2）額骨向正東，無肢骨可匹配，但不得斷定此顱骨毫無曆義。自顱
骨（1）中部畫斜線，使其走向西北──東南，延伸於顱骨（8）、顱骨（9）
當間，此線段與子午線夾角 20°。此線段乃日軌道中線，西北──東南線段
兩端乃軌道兩端。西北爲日宿處。日在冬季無疑。如此，知顱骨（2）功在彌
補顱（1）、顱（3）西北──東南連線空缺。如此，顱（2）不得配肢骨。

　　顱（3）斜置，頂骨弧面向東，雙目向上，有背頭察脊椎正上方星宿模樣。
配肢骨三根表三根肢骨之兩根相連，成 90°，短者似東北走向，西南端接長
肢骨，長肢骨東西走向，平行於緯線，狀似現代三角板成直角兩邊。此物乃
太初矩。史傳庖犧氏持矩，其模樣之源本此。而庖犧氏生存時代當狄宛第二
期。此術傳及姜寨，在第二期遺跡留存，此不驚訝。東西走向兩肢骨平行，
但二者不連。此狀係豁口。此豁口喻「開」，即祝巫面西背頭察脊柱正上方天

區，背對豁口。故此豁口開口向東。正東可見晨刻日出，或昏時日宿西方之敵對日宿，屬東垣。

顱（4）模樣雖清，但難辨顱骨骨塊關係。若察寬窄，唯見寬處在西南——東北線上，而且靠西。依此推斷，似乎面顱向東偏南。但此斷含謬：顱骨正西有豁口，缺一塊。此缺口須是額骨脫落，而顱底傾斜。如此得斷，祝巫擺此顱狀，喻察正西日落，即日宿處。而日其證尚有：此顱骨之枕骨後有肢骨唯一節，枕者，臥也。宿臥則是。日猶人，故日宿能在東。此肢骨平行於緯線，故須視爲祝巫察晨刻日在正東昇，日落正西。於時節爲秋分或春分。若欲辨識此肢骨喻春分日出，還是秋分日出，須恃旁證。此證在於顱骨正西缺口。此缺口須視爲陽物虧欠。顱骨乃剛物，剛物有豁口，喻陽氣已虧，而且在西。西乃日落之所。日落時見陽氣虧，須辨暑氣已消。暑氣已消，而且日正東出，節氣非秋分而何？

顱（5）顱頂向上。此圖不見額骨、冠狀縫，暫無以判斷眼眶朝向，但可辨識額骨、頂骨弧狀輪廓短徑、長徑。長徑呈西南——東北走向。依此得知，此顱骨眼眶非向西南，須向東北。據此能斷，祝巫如此擺顱以告察西南日宿，或東北日宿。西南日宿值某星屬南垣，而東北日宿值宿屬北垣。此顱骨轄 5 根肢骨，各肢骨與參照線交角如後：

顱頂肢骨一截與子午線交角 20°，走向西南——東北；平行顱頂肢骨之短肢骨與子午線交角也等於 20°，短肢骨位於顱頂肢骨西偏北，直子午線南偏西 20° 星宿、北偏東 20° 星宿；顱底下兩截肢骨連爲直線，走向東偏南——西偏北。此直線與顱頂肢骨交角 90°，與緯線成 15° 交角，喻祝巫察日宿東偏南 15° 處日出，或西偏北 15° 處日宿；靠額骨、頂骨上搭肢骨西南，搭一截肢骨，此肢骨走向西偏南——東偏北，與緯線交角 20°，喻西偏南 20° 日宿處。此訓基於此截肢骨不毌穿額骨頂骨上搭肢骨。不毌穿喻光不自東偏北來；另由此狀推測，顱骨眼眶向南偏西，如額骨上肢骨走向，續之右旋，察西偏南 20° 日宿，此處乃西垣某星宿；顱東北，見一截肢骨上有凸起處，此肢骨走向（線）平行於緯線。其正東乃一瓦罐。此喻昏刻大火星在正東。瓦罐乃爨事之象。罐在東喻爨事準乎東。以額骨頂骨上搭肢骨與其西肢骨連接點爲圓心，此圓點位於雙眼眶前。此寫祝巫目光投向南偏西，後轉向西偏南，後右旋而迄顱底下肢骨走向線。依此得知，祝巫察宿覆蓋天區度數爲 90°。依此，知曉狄宛第二期祝巫察宿所在天區爲 90°，而且這四分之一天區來自截取，阻遏

目光向南偏西以東以東。如此,得知祝巫截取天區順晝見日行方向。

祝巫察宿所在天球緯度被祝巫依高低截取:目視南偏西,額骨上搭肢骨搭接顱底肢骨連接處爲圓點,右旋。此 90°區屬天球高緯度區。但若將額骨頂骨上長肢骨南偏西端視爲目光右旋起點,即得另一天球緯線。此 90°區屬天球中緯度星區。

天球低緯度取星宿也循此方向旋轉。祝巫截取低緯度星區之界線起於額骨頂骨上搭肢骨放寫祝巫目光走向。此肢骨搭肢骨雖斜,此走向出自祝巫權衡:彼等不欲以此斜搭肢骨阻礙西南端扇面散佈長肢骨曆義。而且,如此斜擺便於辨識目光右旋。一言以蔽之,祝巫能察天球低緯度區星宿。

顱(6)顱頂、額骨俱向上,但不見冠狀線、矢狀線。故不能推斷眼眶朝向。在其西邊,自北向南有三截肢骨斜置。北第一肢骨西南端下覆第二肢骨西南端。第三截肢骨西南端不接前二截肢骨,但其向西南延伸線與前二截肢骨端點相交。這三截肢骨不接顱(6)。續算三截骨南邊肢骨,見第四截肢骨。此肢骨在東端右接顱骨(6),東端左以上靠顱(7)。此顱正西方不見肢骨骨端相連。四根肢骨西端或西南端延長線相交。如此,顱(6)西偏南有四根骨交點,但俱自西偏南向東偏北散射。如此,得推斷顱骨(6)西南有大星存在。此大星即大火星。西南乃「流火」之所。其極限乃第四肢骨,此肢骨走向近東西,西端乃參宿伏之所。第四根肢骨與緯線交角 10°。換言之,參宿在秋分前 10 日隱伏。

顱(7)眼眶朝向不清,額骨、頂骨向上。圖見半條骨縫似在顱骨(7)頂向東北延伸,顱骨邊緣線西偏北見凸出點,難辨歸處,邊緣線之南,見弧狀凸起,其邊緣線不與顱骨南邊緣線平行,凸出部大抵是頸椎殘餘。推斷顱骨(7)眼眶向西偏北,朝向恰是顱骨(6)西偏南某大星所在及其以北。顱骨(6)、(7)與用肢骨係參宿隱伏之初,又係顱骨(7)曆義界限。

顱(7)南及西南諸肢骨星宿義相聯。其終點爲參宿隱伏之後日宿處,時段起點乃顱骨(6)自北數第 4 根肢骨走向線(兩顱骨與用肢骨)。自此之後,續察日宿,即見顱骨(7)西南、正南等三根短、長、短三根肢骨。三根肢骨走向:最近短肢骨走向近乎東西,但呈東偏南──西偏北,與緯線交角 10°,長骨與緯線相交 20°。長骨南肢骨走向南偏東──北偏西,喻大火星自南偏東向南偏西運行,續向西行,以迄隱沒。參宿在天際運行 140°。參宿自南偏東運行 140 日隱伏。顱(7)正西乃緯線。此方向被祝巫閒置。

顱（8）額骨在東，頂骨在西。此言依冠狀縫與矢狀縫走向。顱（8）冠狀縫南北走向，而矢狀縫在冠狀縫之西，東西走向。如此得斷，顱（8）雙眼眶朝向東偏南。朝向正東之南 10°，此處乃日出點抬昇之所，在春分之前 10日。此日數係日晨出點向北遷徙起點。沿著額骨，排列四根短肢骨，似芭蕉扇扇骨，這四根肢骨向東偏北方向呈放射狀散開。在西偏南方向相交，交點在頂骨矢狀縫之右。自南向北檢四根肢骨與緯線交角 10°、20°、30°，此三數喻日出點在春分後 10 日迄 30 日。此間見日數 40 日。

顱（9）額骨南而頂骨北。額骨東南見弧線，似為顱狀線。眼眶朝向西南。西南乃冬至日落處，又即昏察日宿處。若畫線向西南延伸，此線約在子午線偏西 40°。一截肢骨屬此顱骨，此肢骨西端緊靠（8）頂骨左辦邊緣。此肢骨走向東偏南——西偏北，此肢骨與緯線交角 10°。此度數喻日出點在春分前10 日，此顱骨與屬肢骨彌時段：冬至迄春分前 10 日。約當狄宛曆 11 月 20 日許迄 2 月 10 日。在冬至後 70 日。

前檢顱骨曆義俱清，但顱骨（10）次第數字旁不見顱骨圖樣，無以辨識。我不在此摩言耗力。

顱骨（11）位於顱骨（3）東偏南，顱骨（4）正東。此顱骨顱狀線似在東南，故判此顱骨雙眼眶與鼻骨觸碰地面。無一肢骨屬此顱骨。但不得以為，此顱骨毫無曆象含義。祝巫察宿、察日出依晝夜而別。晝見日出，夜睹星宿。祝巫知地轉天旋，故知日當空之星宿不得見，昏可見之宿能隱沒於地球之下。依此顱骨放置朝向得知，姜寨第二期祝巫記錄祝巫察宿非瞬時察宿，也非夜間某刻察宿，而能徹夜察宿。夜間六個時辰察宿不休。逢日全食即能晝察宿。祝巫徹夜察宿出自祝巫於日全食瞬時目睹日隱沒而見蒼天之星。總之，狄宛第二期祝巫能記錄徹夜察宿。

顱（12）矢狀縫西南——東北走向，冠狀縫在東北呈弧線。由此可斷，此顱骨眼眶、鼻骨向東北，但圖狀不清。據此推斷，雙眼眶與鼻骨斜貼地面。若言察宿，須察東北日宿處。東北日宿，時在冬季乃至孟春。星宿則為東垣諸宿。顧顱（12）左額骨接肢骨殘缺。此殘缺連兩根肢骨之南肢骨。此二肢骨在東偏北緊挨顱骨（19）。而顱（19）眼眶、鼻骨俱向正南地下。察正南日宿不外察井宿等。時在夏至前後。顱（12）關聯（19），顱（12）記祝巫察冬季迄孟春日宿處，顱（19）察日宿正南（夏至）。日宿直星彌時：依狄宛曆，立春 1 月初，夏至 5 月 20 日許。二根肢骨走向西偏南——東偏北，與緯線成

30 度角，喻日出東偏北，時在春分後 30 日許。自立春迄春分，用 45 日許。

　　顱（13）枕骨上揚，額骨前傾，向東面地表傾斜，以致雙眼眶與鼻骨貼地。顱（13）東南貼顱（18）枕骨左邊緣。顱（13）轄西與西南骨殖：肢骨三截，片狀骨殖一塊，肢骨關節部一塊。此關節部位於兩截肢骨間。肢骨走向西偏南——東偏北。靠近顱（13）枕骨處有一卵狀物，不詳為何。細察顱（13）西南二截肢骨西南端相接，但在東偏北處相去，有開口，開口內當兩肢骨長程之間，有肢骨關節部。若自兩肢骨西偏南連接處畫線，過當間肢骨關節部，向東偏北延伸，此線過顱（18），毋向顱（18）鼻骨。對照顱（13）、（18）位置，知顱（13）後三根肢骨表義關聯顱（18）曆義，而其西向西南延伸肢骨之西南端接界骨殖樣貌雖清，但難斷此物為何物。它不似骨盆、也不似肩甲骨。暫且闕疑。顱（13）雙眼眶朝向正東偏北，而且向下視，故圖樣不見雙眼眶、鼻骨梨狀孔。顱（13）後肢骨走向線與緯線交角等於 40°，當秋分前 40 日許，約當立秋。如此判定出自顱（18）目前骨圭記錄秋分前日照。此時已見日短。此骨圭甚短。

　　顱（14）位於兩截相搭肢骨下，兩截肢骨覆顱（14）額骨、頂骨邊緣。而且，冠狀縫、矢狀縫不清，不能辨識眼眶、鼻骨朝向。檢二根肢骨交角 35 度，當 35 日。長肢骨與緯線交角 10 度，短肢骨與緯線交角成 30 度。察兩截肢骨，見北邊肢骨長，而南邊肢骨短。其曆義在於，祝巫察日出點變遷，見日照長短，在南肢骨喻日照短，而北邊肢骨喻日照長。短肢骨喻春分前日照，長肢骨喻春分後日照。短肢骨在緯線南 30°，當春分前 30 日。長肢骨在緯線北 10°，當春分後 10 日。二度數之和為 40 日。顱（14）正北方有葫蘆瓶，口向正北。葫蘆瓶口北直陶缽 1。缽底向上，已裂為四塊。缽倒扣喻天球在上。察宿在天球上。缽在諸骨殖之北。

　　顱（15）冠狀縫走向近南北，矢狀縫走向西北，雙眼眶向東偏南。但面顱向不遠處地面，有低頭之狀。枕骨背無骨殖。顱（15）眼、鼻朝向東南，自北向南有骨殖 9 塊：左目前有弧狀骨殖，此骨殖東南邊緊貼肢骨一截，此肢骨駢骨在南，緊貼此骨殖之短肢骨走向東南，此截肢骨西南，有骨殖一截，緊靠右目正前肢骨。其西邊有肢骨一截緊貼顱（15）右額。在前述諸骨殖東南，有四截肢骨。其位置關係使人聯想東垣某宿，譬如東垣箕宿。弧狀骨殖喻日行軌道。連弧狀骨殖一肢骨走向東南——西北，西南方另一肢骨平行於此截肢骨，兩肢骨夾短肢骨與西南肢骨相交，成 40°夾角。此截肢骨與緯線

相交於顱（15）冠狀縫左端，成 20°角。平行於此肢骨之短肢骨與緯線交點在顱（15）矢狀縫與冠狀縫交點，此肢骨與緯線成20°交角。如何訓釋顱（15）雙眼眶前骨殖，係難點。檢長肢骨西北端緊靠骨殖狀似下弦月，但非月。月乃陰物，不得連陽剛。如前述，骨殖喻陽剛。如此，須斷此截球狀骨殖表意涉及日行道。日自東南昇，而後日出點北遷，日晨出點已近春分晨日出點，在春分前 20 日。言日出點北遷，故在截球狀骨殖連三根肢骨之北邊肢骨最長。後察日宿，在東南見箕宿。

顱（16）輪廓不清，此處不檢。發掘者題記（16）南北兩邊有肢骨 7 截。南邊四截，北邊三截。南邊四截之第三截最長，北邊三截含一節股骨。此股骨體未損，其走向東南——西北，股骨頭在東南端。以人行論日行，股乃行力之本。且股骨頭乃球狀，能喻日行。股骨頭背面與顱（16）南邊四截肢骨之最長肢骨相接，成 30°角。而且，南邊肢骨平行於緯線。夾角曆義：日自東南出，此時段不南遷，東南出點在緯線南 30°，當春分前 30 日。

顱（17）冠狀縫在西，矢狀縫在東，枕骨部在東。此顱不靠任一骨殖。雙眼眶、鼻骨向西，而且俯視腳下。其正西初無阻礙，迄顱（1）東最短肢骨端。依此得知，祝巫擺顱（17）圖告日落正西，時在秋分或春分。此顱不直日宿處。

顱（18）面向東偏北，鄰顱（17），此顱面目向正西，不配骨殖，但顱後寬未超出顱骨（18）面目前橫擺肢骨。顱（18）目視骨圭。骨圭構造：兩根呈北偏西——東偏南走向，兩根呈東偏北——西偏南走向。每兩根肢骨平行。北偏西——東偏南肢骨兩截夾樹短肢骨一截，此肢骨與東偏北——西偏南肢骨之一成直角。而且，顱（18）鼻骨直對此二截成 90°角骨殖。此顱骨述匍匐而視晨刻日出。顱（18）西偏南兩根長肢骨走向與緯線夾角自南迄北：20度、40 度，述日出東偏北 40°迄日出東偏北 20°，前後見日軌道下降 20°。日出東偏北 40°當立秋節氣。

顱（18）述祝巫察骨圭，見夏至日影等。顱前肢骨短，而顱後肢骨長。度前短後長肢骨，見顱前日影短，顱後日影變長。此間見時節變遷。顱（18）前短肢骨述日當東北晨出日影，時在夏至。故日影短。但在大暑後，日影邊長，檢北肢骨與緯線夾角 40°，當立秋。如此，得知祝巫立骨圭察日影在夏至、立秋，彌時近 50 日。《堯典》記「日永」「仲夏」事本狄宛，記在姜寨第二期。

顱（19）不見冠狀縫，唯見矢狀縫，南北而丑，迄南邊豁口，不見額骨。推斷額骨連面顱被拆理。察顱（19）西南，見面顱上部。依此朝向知此顱骨目視正南。正南無南北走向肢骨，但有西南——東北走向肢骨一截，其東北端緊靠面顱梨狀孔。梨狀孔在此非喻嗅覺，而喻目視方向。祝巫擺顱此狀喻察西南——東北走向日軌道。日宿西南無疑。此義被此肢骨東邊平行肢骨凸出：此肢骨東北無著，但西南緊靠某物中央孔。此物或係骨殖，或係陶盆盆底，甚或能是顱底，狀似有孔圓餅，此狀寫記南垣某宿。檢此二截肢骨與子午線交角30°，為日照線，當夏至後30日。若續察顱（19）西，見接其顴骨之肢骨走向東偏北——西偏南，走向與緯線交角30°，與子午線西60°，當日照線，即夏至後60日，秋分前30日。此線乃日在天際宿處自南向西運動之界。此界始於正南，即夏至日日宿處，顱（20）寫記此事。

顱（20）寫日宿早於顱（19），故在日軌道自夏至日宿正南西移，遷往顱（20）西南肢骨。此處似乎不見顱骨額骨、頂骨。細查（20），見其狀乃顱底平面圖，有孔處乃頸椎支撐部，西北邊乃面顱上部。上頜骨似已拆去。依此得知，此顱額骨、頂骨俱著地，如人雙足在上，察西北某處。西北乃夏至日落處。此曆義匹配南邊南北走向肢骨曆義。此肢骨乃股骨，股骨頭在南端，此喻日宿處自南始動，後西行。日宿南即夏至日。此時，日在井（菁）宿，後西移宿處。故而，此股骨之西見扇面狀排列肢骨四截。末截肢骨在子午線西30°，當夏至後30日。

顱（21）冠狀縫走向南北，矢狀縫似乎走向東西，但有弧狀。依此得知，顱（21）傾斜擺放，眼眶向東，但雙眼眶不在同水平上，左眼眶低，右眼眶高，即雙眼自南上向北下傾斜。依此得斷，東邊低處有某星宿，此星宿有數星在天際不甚高處，而且自南向北下傾。若自顱（21）枕骨向正西畫線，此線平行於緯線。如此，得知顱（21）表意不連顱（20）、（19）、（12）。此外，顱（21）曆義反顱（3）曆義。

顱（22）寫記祝巫察東北晨刻日照，出點後南遷，日射熱逐日衰減，終於顱（23）雙眼頭向西偏北目光。顱（23）寫記日出點在東偏南，日落在西偏北，彼處日宿。

顱（22）左顴骨近肢骨非股骨，由兩截肢骨搭拼，不為直線。其相鄰肢骨乃股骨，而且股骨頭在西偏南。此方位喻日在西偏南行，行向北，近緯線。此處見日落點續顱（19）正西肢骨走向。彼處見日落點在秋分前30日。而顱

（22）旁肢骨寫記日落點在緯線南 35°迄 20°，喻日落點依次在秋分前 35 日、秋分前 20 日。在 35 日、20 日之間，係顧（19）右顱骨對肢骨日落點在秋分前 30 日。秋分前迄秋分各日宿點日序：35 日、30 日、20 日，後見秋分景象：顧（22）正東肢骨走向東西，故見日出點在正東，落點在正西。北肢骨粗，南肢骨細，故知陽氣漸次而衰。

顧（23）雙眼眶向西偏北，彼處乃日落之所。依此知日在東偏南出，時在秋分之後。此時段起點是顧（22）東邊走向東西之肢骨，當秋分。其終點係顧（23）鼻骨向西北延長線，與緯線相交約 30°，當秋分後 30 日。

3）M205 上層骨殖曆義綱領與曆日系統五題

（1）曆義綱領

揭前圖，自東南走向西北斜線，在 M205 東北。此線乃狄宛祝巫察臨界日全食知秋分之衍生線段，自秋分認知推導春分認知，爲歲時起源，也爲月日次第之源，狄宛曆以望月爲初一。

自瓦缽 1 走向葫蘆瓶 3，延伸及顧（14）頂骨上搭肢骨之北肢骨，此乃子午線，察寒暑線。顧（17）目視正西，乃秋分、春分日落之所，雙目俯視，乃祝巫知星起之象。日宿西，但日落時刻不見星宿，故在星宿未曾上升，猶如天球未曾轉及此處。顧（3）雙目雖也察正西，但察春分、秋分日宿處高空星宿，即日落不久，日落出高空星宿。顧（3）有仰面之狀。顧（7）西端乃大火星隱伏之所。

顧（22）雙目察東偏北日出，後察日正東出，此間見日軌道降低，當秋分前迄秋分。顧（23）雙目察西北日落。顧（18）上朱線寫記夏至察骨圭。顧（1）迄缽 6 朱線喻赤經旋轉，但天區堪依骨矩割取，證在顧（3）骨矩。顧（5）寫記察宿在天球高緯度、中緯度、低緯度之圈不便繪圖。

（2）曆日系統五題

M205 納祝巫曆日五題：第一，曆日系統。第二，察宿分取天區曆度。第三，察大火星流、伏或它宿起、中、伏。第四，立骨圭察日影。第五，察日宿、日照。第五又可別爲三端下題：察日照、日宿；察日宿；察日照。今別而述五題並第五題下題。

姜寨曆日系統本乎狄宛曆日系統，其源在狄宛一期。姜寨祝巫曆日之綱爲春分前 12 日或秋分後 12 日。曆日算術從狄宛一期祝巫借用斷崖述日直射赤道當春分時節。

　　祝巫察宿分取天區曆度證在顧（5）。此顧寫記祝巫察宿在天區每 90°爲別。而且，祝巫徧察天球高中低緯度天區。此外，祝巫察宿非在夜某段，而盡夜而察。顧（11）寫記姜寨祝巫徹夜察宿。如此，祝巫能依 6 個時辰（12小時）依次查看一歲星宿。冬季夜長，足以徧察一歲每月星宿，從而豫每月星象。

　　姜寨第二期祝巫承第一期，及狄宛祝巫察心宿二（大火星）藝能，在春而察東垣，在夏而察日正南宿，配大火星。後察大火星南而西流。顧骨（6）寫記西南有大星，此處乃大火星「流」「伏」之所，大火星在秋分前 10 日隱伏。顧（7）寫記大火星自南偏東運行 140 日隱伏。彼時，夏至配大火星不在正南，大抵在南偏東。

　　圭表之源，此前不清。今能告喻：中國最早圭表非土圭、非木圭、也非瓦圭，而係骨圭。顧（18）寫記祝巫察骨圭，見夏至日影，後察立秋日影。彌時近 50 日。截取獸骨爲程準度物，其源本乎狄宛。證在《發掘報告》（上冊）圖一六四，2，標本 F215：25。今知中國最早圭表乃骨圭，源於狄宛，證在姜寨第二期 M205 顧（18）配肢骨。祝巫既知曆度，形土爲曆闕，其挖掘爲方、取直須依矩。舊不知矩源。今考顧（3）右顱骨倚靠肢骨，乃聖賢初用骨矩。其思向之源在察宿，角宿爲證。事在狄宛一期。造骨矩也在此時，但其證在姜寨 M205 顧（3）配骨器。

　　察日照、日宿之證：顧（19）寫記日宿西南、夏至後 60 日、30 日日照，迄秋分前 30 日日照；顧（22）寫記祝巫察東北晨刻日照南遷，自秋分前 35日降迄 30 日，如顧（19）顱骨旁肢骨指示，日出點在緯線北 20°處，20 日後，日出點如顧（22）頜骨東西肢骨，日出正東，日宿正西。顧（23）寫記日出東偏南，日落於緯線以北 30 度處，時在秋分後 30 日。顧（1）屬此。

　　察日宿：顧（15）述日行道自東南北遷，及春分前 20 日。顧（9）寫記冬至迄春分前 10 日。約當狄宛曆 11 月 20 日許迄 2 月 10 日。在冬至後 70 日。顧（12）寫冬末迄夏至，日宿直星彌時：依狄宛曆，立春 1 月初，夏至 5 月20 日許，綿延 5 個月，含立春迄春分，45 日許。顧（19）寫記日軌道走向西南——東北，日宿西南。在夏至後 30 日，以迄 60 日，在秋分前約 30 日。日軌道西南端點將向西移動。

　　顧（20）寫記，日軌道自夏至宿處西移，夏至後 30 日。顧（21）寫記祝巫察東垣近地平線星宿，時值秋分，見日軌道降低。顧（4）寫記秋分節氣，日宿在東，時在狄宛曆 8 月。

察日照：顱（16）寫記春分前 30 日日照，其時段迄春分日。顱（14）寫春分前 30 日迄春分後 10 日。顱（8）寫記春分前 10 日迄春分後 30 日日照，敷 40 日。顱（17）寫記日落正西。顱（13）寫記秋分前 40 日日照。依前訓，發掘者以亂葬名此處骨殖樣貌，毫無基礎。

同樣，發掘者言姜寨 M358 為「亂葬」，此言毫無基礎。此與葬闕曆訓途徑在於：準乎冬至察諸顱額骨、頂骨方向，並畫沿與葬闕橢圓輪廓中央之東畫朱線為子午線，續畫朱線，連兩截肢骨，使之與子午線相交 15 度。後別顱骨各塊存否、朝向。後在其周遭查看肢骨是否相交，以為緯線，譬如，顱（30）下肢骨相交為「乂」，自交點向東畫水平朱線，須交顱（24）肢骨南端，此線為緯線。其細節不在此處訓釋。

4）M205 第二迄第四層拆理骨殖曆訓綱要

（1）第二層拆理骨殖曆志綱要

發掘者述：第二層十九個個體，男性十個，女性九個，頭向不定。骨骼零亂，隨葬陶器二件。檢圖具骨殖至少三類：頭部、上下肢、骨盆。細部：顱、股骨、骨盆局部、骶骨、鎖骨、肱骨、腓骨、尺撓骨等。《姜寨》（上冊）圖一三六（B）圖示不細，未具顱骨分界線。我檢發掘者言無根基，斷乏憑依。「零亂」之命本乎葬闕東南有孤顱（15），顱骨面顱部零散。

今增畫朱線，圖顯祝巫擺放骨殖曆義綱領，但不細訓。唯給未來系統訓釋姜寨第二層骨殖曆義奠基。

顱（19）係下頜骨，其北乃走向南北肢骨之一。此處見準繩之一，畫朱線為子午線。顱（9）南邊直肢骨走向東西，為緯線。路（7）東北肢骨平行於葬闕東北斜邊。自顱（15）額骨遺亡後存豁口向東南、東北畫朱線，迄顱（8）下短肢骨，此線被阻遏，其延伸線須在顱（13）下肢骨。此線係日赤道線之變更。能平行於葬闕東北斜邊，能增減傾斜度。圖見肢骨走向南北或近南北者眾，走向東西者寡，計 10 截許。此圖寫記祝巫多察南垣、北垣星宿。赤道變動之象徵在顱（18）西北腿骨。此處見股骨、腓骨相聯，有彎曲狀，成鈍角。此物精準放寫天球赤道變動。

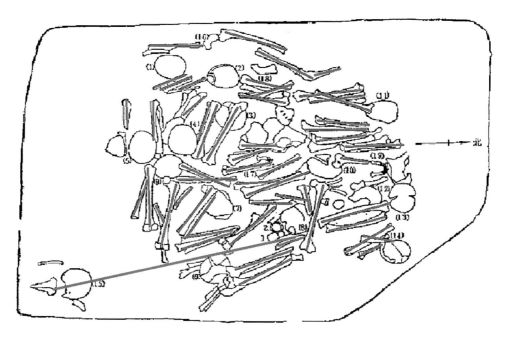

圖六五：姜寨 M205 第 II 層曆志細節

增畫朱線，並理出曆志、星宿綱要，察此圖者能見祝巫擺放骨殖曆義。而且，南北向肢骨愈多，夾角變動愈密，祝巫寫記南北垣星宿認知愈多，曆度愈密，冬夏前後曆日愈細。

（2）第三層拆理骨殖曆訓綱要

發掘者述，第三層十九具個體。成年男九個，成年女九個，少年一個。第一組位於坑北端，九具個體，依次放置，頭向西，長骨置於頭骨兩側，其它骨骼置於長骨之間。第二組位於坑南端。七具個體，如第一組而葬。第三組位於坑西，三具個體骨骼不全。隨葬陶器七件，骨笄一件。

發掘者言西邊一組骨骼不全，喻顱骨不全。顱（1）僅似爲枕骨、顱（2）係頂骨、額骨，顱（3）僅似下頜骨，而非顱頂或額骨。發掘者等同下頜骨於顱骨，此舉失措。澄清此圖曆義須基於三事：第一，消除發掘者「頭向西」蘊藏混沌。第二，依第一層骨殖曆義辨識綱要，畫三條朱線。第三，辨識闕納瓦器位置、正斜，以訓地面（黃道）、天球赤道耦動。

發掘者言「頭向西」之頭乃俗言，不涉祝巫拆理骨殖，須改爲顱。「向西」名不塙。鳥獸動前辨向，動而從向。顱骨固爲死者之顱，但祝巫寄託生者曆爲。察宿係曆爲、立圭係曆爲、擺肢骨也係曆爲。立圭須恃目向，肢骨走向

能喻日出點、日照走向、日宿點。但顒骨配肢骨，其義又增，非徒兩等曆義。而放置顒骨時，祝巫依己察宿、察日照、察日宿藝能，故放置顒骨在何方即謂顒在何方，不得命曰「頭向」何方。言顒在何方，即給續察顒上雙目朝向奠基。而後，辨識雙目朝向，即能窺測祝巫以某面顒朝向寫記察象所在天區或地下某宿依天地對偶旋轉而上升。總之，曆訓者睹面顒雙目向上，似睹面顒雙目向下，俱有察宿曆義。

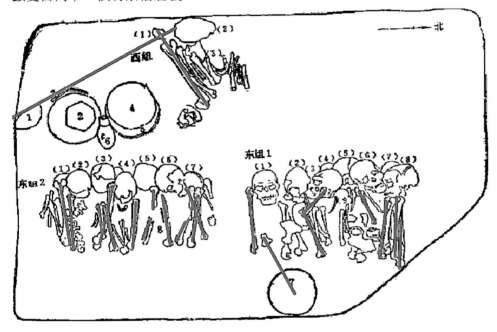

圖六六：姜寨 M205 第 III 層曆志細節

　　畫朱線三條前，須擇祝巫曆為之要，界線辨識係其基礎。曆為之要即能述天球赤道變動，或日宿點變動之索。平面見諸物，凡可依線段關聯，在天球上乃弧線，其全景乃橢圓線。欲設此線，須先檢葬闕諸面顒朝向，乃至顒底平否。顒底平，面顒雙目則平，雙目平即喻祝巫察地平上日照或天球低緯度日宿。《姜寨》（上冊）圖一三六（C）有界線起點：挖掘葬闕時已設界線固在五邊，東北斜邊乃「題眼」。畫朱線須依此線。在葬闕西南畫朱線連鉢 1、顒（1），毋往顒（2）南邊。此線似平行於此闕東北斜線，但曆義參差。再擇顒（1）為起點，畫朱線過顒（1）東北股骨，此線似乎垂直於第一條直線。最後，在葬闕東北斜邊之南，見陶罐 7，也見東組顒（1）右目正東有肢骨關節一枚。而此面顒仰目。陶罐圓心與此塊骨頭可以朱線相聯。

　　最後，依畫線對照重器辨識祝巫察天球赤道變動。察瓦器須別底圓、平，而後別其口沿平否。圓底器可倒扣、可底著地。其底著地又有講究：圓底著地異乎圓底側著地。前者，口沿平面當地平面，能喻春秋分日軌道面與黃道面晨昏平行。後者，須顧圓底器口沿向何方傾斜。傾斜線即赤道面。

　　今依此略訓如後。西組顱（2）大抵係頂骨與額骨，面顱在南。故斷面向正南。正南乃日宿南垣之所。時在夏至。日後南遷。股骨頭在東偏北。有南移之象。南移之後，將得秋分。日出東北，日落西南，股骨頭如弧狀如日，南移喻日出點南移，故在秋分前。東組 7 顱面顱朝向難辨。自北見顱（7）矢狀縫走向北偏東，故斷面顱向南偏西，日宿處當秋分前或春分後。顱（2）面向東北，東北乃夏至日出之所。其餘眾顱面顱不清，難辨朝向。肢骨多呈東西走向，也見相交之狀。諸肢骨述春秋分前後日照、甚或日宿處。

　　東組顱（1）察正東偏北、偏南日宿。顱（2）面顱向東南，察冬至後日出點。顱（3）察正南日宿，左顴骨搭鎖骨一端，此骨殖東南端搭肢骨一截。二者相交，約成 100°。顱（4）面顱不清。顱（5）冠狀縫在北，可斷其面顱向東北，察北垣日宿。顱（6）面顱傾斜，雙目不在同水平面，有仰顱向東北天際。若畫線毌雙眼眶，此線平行於葬闕東北斜邊。故斷此顱寫記察東北日出。其右顴骨旁短肢骨走向東北，能旁證前斷。顱（7）樣貌不清。顱（8）面顱向南。與顱（6）曆義互補：察東北見日出，察正南見日宿南垣諸宿。時在夏至。

　　西南直線喻赤道面，此面與地平相交，交角近似葬闕東南斜邊走向，但與子午線交角更大，圓底缽口沿走向恰喻日宿線，時在春分前、秋分後。過顱（1）沿東北股骨線段喻天球緯線，能垂直於赤經線，與東北斜邊成 90° 交角。瓦罐 7 圓心向西偏南延伸線喻日照能夠旋轉，而且瓦罐從燫（事）得韻，喻熱。大火星在正東。後能向西偏南降落，時在秋分前，此乃「流火」。不得視此罐為象日之器。朱線西偏南端接肢骨關節，關節西端齊斷，東端有弧狀，此乃東旋西止之象。大火星西南流，後入地下，猶如休止不動。

　　瓦器上面之辨尤須貴重：檢圖一三六（C）7，其平面向上，平行於地面，此喻春分前。顱（1）面顱左肢骨對瓦罐 7 圓點之左。而且，此肢骨平行於緯線。其走向罐 7 圓心之南，則大火星不當緯線，故斷其在春分前。換言之，春分前見大火星在正東以北。

　　圖見 1、2、3、4、5 瓦器俱係瓦缽，唯外廓模樣參差。如前訓，第 1 器係圓底缽，寫記赤經面與地平交角，走向東南——西北。第 2 瓦缽覆第 3 瓦

缽，二者口沿平行，但此口沿線不平行於葬闕底面，平面圖不便畫其與地平交角，但見口沿西邊弧線向東傾斜。依此知此缽口沿線下切東組 2 眾顱以西地面，推測其度數 30°。此推測出自缽 3 上覆缽 2 六棱。春秋分爲界，每歲赤經面交切黃道別二段：每段唯得 180°。六分後見 30°。缽 5 上覆缽 4，二器疊置。由此推斷，其口沿平行。缽 4 東沿有上揚之狀。循口沿畫線，此線下切缽 3 西口沿。此二缽寫記赤經兩向變動，即赤經面能上能下。上則爲春夏，下則爲秋冬。東西而察，赤經面耦黃道面向東或向西傾斜。兩赤經面交角之間，有葫蘆瓶口沿線。此線恰在缽 3 口沿線與缽 4 口沿線交角之間。

（3）第四層拆理骨殖曆訓綱要

《姜寨》（上冊）圖一三六（D）爲第四層骨殖平面樣貌。此層納顱 21 具，別南北兩組。男組十三具、北組八具。發掘者言「骨骼依次放置，相當規整」。如何「依次」，發掘者未言。我推斷，其「依次」僅告別組，而非曆志依次。

如前諸圖，此處也須寫記祝巫察宿即赤道走向。後論眾顱面顱朝向。凡面顱不清者，須依顱組曆義聯繫，尤須照顧顱東肢骨走向。

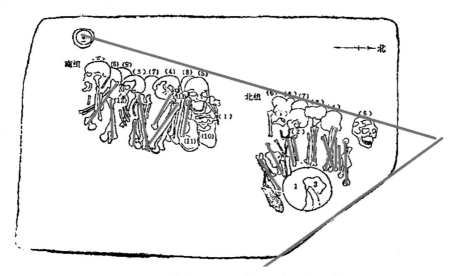

圖六七：姜寨 M205 第 IV 層曆志細節

圖示兩條朱線在葬闕之北相交，交點直南，過被組顱（5）下頜骨之上沿、到南組顱（12）南股骨頭，此線係此葬闕半截線。如此，不獨申述顱北組唯顱（5）張口之故，也輔助澄清兩線曆日關係：葬闕東北走向線論日照在春分前12 日或秋分後 12 日。今見兩線相交判此葬闕南北，故二者間隔 182.5 日，其一

告春分前 12 日，其二論秋分後 12 日。兩線俱寫記赤道面，但曆義參差。西邊斜線告日軌道向南移動，東邊斜線告赤道面向北移動。向南移本乎日行北陸，時在夏至。向北行本乎日行南陸，時在冬至。

前舉自北向南延伸線南界即南組顱（12）南股骨頭，此骨頭位於北端正南，但此骨頭西南，猶有另一股骨頭，兩者相耦。相耦即告如生者左右股骨頭配髖臼，能夠奮催左右腓骨而行。故此處左右股骨相耦喻行，行起於夏至日。南組顱（2）雙目南投，南投告察夏至日宿正南。

對照二組顱骨，北組難訓，南組稍易。北組顱（5）外，其餘顱骨頂骨、額骨線條不清，南辨走向，故不知面顱朝向，唯顱（3）、（2）肢骨自西、西南直缽 1 圓心之狀。其餘肢骨一端緊靠缽 1。

缽 1 象徵天球，位於東北，此位置告祝巫察東北蒼穹。此時節在冬季末，甚或孟春時節。天極傾向東北。而且，大火星將出。缽納有棱罐 3 告大火星隱伏未出。罐 3 乃罐器之一，告爟事，爟事準乎大火星查看。今見包藏謂大火星不孤見，故訓不見大火星。尖底瓶之義，後將見於瓦器曆義體訓。

顱（4）東肢骨有相交而交角變小之狀，此告日軌道面與黃道面相交 180度，後返還之狀。其義不外先春分後秋分。

南組顱（2）曆義已訓，餘者不甚複雜：顱（4）雙目左低右高，傾而視東北，此處乃夏至日晨出之所。此顱與顱（7）正東有肢骨相接，成 40 度角，三角開口向西，故須訓日出點在東相交 40 度（對頂角），當 40 日。20 日在春分前，20 日在秋分前。此義關聯此葬闕東北、西北兩線，曆義不悖。此時段見日宿在西偏南。

顱（8）面顱朝向不清。顱（5）正東，係兩顱（11）、（10）相摻之處。此兩顱顱底向上，似人倒立。察宿在天球低緯度。初昏日落直宿在低緯度。

5）M205 別層埋骨葬闕曆義特徵

（1）依狄宛曆術察宿立圭為曆

前訓澄清祝巫以 M205 四層寫記曆為。曆為有三義：察宿、察日並立骨圭察日影、並依狄宛度當日曆術為曆闕。發掘者以為，此等埋葬係「分層疊壓合葬」。依發掘者述，每層骨殖不混淆其下或其上骨殖，故在每層上有掩土。無論發掘者視諸層骨殖或齊整、或凌亂，前考已證，每層骨殖俱出自祝巫精心擺放。發掘者次第不具曆義次第。今依度當日曆術求算 M205 諸程度曆義。

葬闕長：

2.76÷0.33＝8.36

8.36×3.0416＝25

葬闕寬：

1.92÷0.33＝5.8

5.8×3.0416＝17.6

葬闕深取 0.66，不取 0.6 米，故在狄宛深程之效爲 0.66 米，合 2 尺。

0.66÷0.33＝2

2×3.0416＝6.08

　　6 個月即半歲，零頭折算 2.4 日。自前歲秋分迄今歲春分，用時毛算 182.4日。此驗算足證，姜寨第二期複雜與葬闕曆算仍依狄宛算術。

（2）M205 骨組層義特徵

　　檢 M205 諸層骨殖，見此與葬闕曆義有兩特徵：第一，骨組界線自下而上模糊。第二，骨組自下而上曆爲之體顯揚。

　　檢 M205 諸層骨殖，知下層骨殖組別甚顯。最下層骨殖別二組。自下數第二層，骨殖別三組。再察下數第三層，骨殖不再別組，而依顱位置別。最上層較其下層，顱位與顱向，甚難別組。M205 四層骨殖如此放置，足顯祝巫寫記爲曆自局部向系統，自層向體演變。

　　最下層凸顯二分二至日照，但下數第二層凸顯赤道面變動爲二分二至日照之源。自下數第三層凸顯南北垣星宿。第四層不獨見骨殖寫記日照、日宿，而且寫記祝巫何時察日影，如何察日影。骨圭首番進入視域。此與葬闕係祝巫曆爲體統之寫記，係狄宛二期祝巫天文曆算力之佐證。

二、嬰童間葬闕曆義

（一）間葬闕名類暨嬰童間葬闕源問

1. 間葬闕名類

1）葬闕異乎間葬闕

（1）直葬闕別於納骨器藏於地

　　迄今已考葬闕俱係葬曆闕。葬曆闕耦素曆闕。迄今見葬闕俱係納骨殖葬闕。葬曆闕之曆義本乎二者：第一，葬闕諸程度曆義。此義出自祝巫曆算，以及掘地形土寫記曆算。前著揭示狄宛一期葬闕曆義，此揭示本乎溯跡，而非寫記。溯跡準乎《發掘報告》附表程度折算。折算基於作者查證、驗算之

後沉澱之算術。第二，葬闋納骨殖曆義。此曆義含二端：第一，肢骨直向，或交向。直向能告日出點、日宿處。交向能告日照參差，此參差掩藏赤經面變動。天球認知係深層知識。顱骨又有曆義。迄今考古者言「頭向」之義包藏混沌。此題納顱底上下、額骨與頂骨方位、面顱朝向、乃至此三者與肢骨匹配樣貌。而且，迄今輒考條狀葬曆闋。

若睹納骨殖之器埋於地下，此時不得再言葬闋。其故有二：第一，骨殖不別顱、椎、肢、肋、髖，俱非直葬，而在器內。器在闋內。闋大而器小。此處須見「三物二位」：三物乃骨殖、納骨殖之器、器外闋。二位乃器向位、骨殖向位。若非器納骨殖腐朽，盡須辨識骨殖有何、骨殖向位。

（2）間葬闋之曆闋特徵

如前略言，納骨殖之器埋於地下，此時須見葬闋之一，此等葬闋須命間葬闋。骨殖落下不在地上，故曰葬。葬者，藏也。但此藏非直藏，乃納器而藏。此器緊靠土壁，在地面下。此器間隔骨殖、土地。故而，此等葬闋須命曰間葬闋。

如前述，間葬闋有三物二位。三物之納骨器爲重器。其狀、其程度、其朝向俱係大事。其朝向有曆度義。此題不得疏忽。察其向須別器底、器口是否平擺於地。

2）間葬闋名類暨「棺」曆義考

（1）棺納拆理骨殖乃間葬器

「棺」不起於狄宛二期。《檀弓》記其本乎周禮。同時，無人否認，納骨之器入葬闋仍爲葬闋。但此時不得言直葬闋。此處唯見間葬闋。間葬之器須被照顧。

器依材質而別，有木棺、石棺、瓦棺。諸器俱係間葬之器。此處命曰間葬器。凡見器入闋，即見間葬闋。

讀者須貴重「棺」義古今之別。狄宛第二期間葬器雖有瓦棺、木棺，但此二者異乎今日言「棺」。彼時骨殖入器，非似今日遺體入器。

木棺起源甚早，半坡遺址 M152 爲證。檢此葬闋遺骨，尺骨以下喪佚，腓骨以下骨殖非自然狀，面顱右偏。此外，此葬闋有木質葬具朽敗痕跡。（《西安半坡》，圖版壹柒肆，1、2）。此棺納骨殖顯係拆理骨殖，而非遺體。

以木料納拆理骨殖，後埋納骨木器之俗傳及山東大汶口一帶。依 M53 圖樣，葬具木灰蓋在坑口上，東西向並擺原木四根，南北向有一根原木，在中

腰將四根木料截爲二段。其下有人骨。東西兩端有豕顱，及頷骨，瓦器。木下骨殖非遺體之骨，而係拆理之骨。但細節不清。而 M94 木灰下，人骨架被拆理。自東而西見下頷脫落，在鎖骨上，頸椎不連顱底，胸椎不全，骶骨喪佚，右股骨頭去右髖骨少許。腓骨被拆解，擱置在右股骨旁，掌骨喪佚（《大汶口——新石器時代墓葬發掘報告》，圖三、四，第5頁～第6頁）。

早期石棺堪以大汶口遺址 M1011 佐證：骨殖周圍擺放較厚石板，使高過骨殖，搭石板於骨殖兩側石板上面、覆蓋骨殖。揭去石蓋，人骨架大骨頭盡在。但肋骨有拆解之跡，骶骨不全。（（《大汶口遺址第二、三次發掘報告》，圖二二、b，第34頁）。後世，鑿石塊爲石板，浮雕飾之，以石板構造石棺，例如唐墓。此石棺異乎新石器時代石棺，故在彼時間葬器納骨殖，而唐墓石棺用於納遺體。遺體有骨有肉。

瓦器之大者初用於納童骨。其證存於狄宛二期間葬闕、半坡遺址間葬闕、姜寨遺址間葬闕。稍遲時候，用瓦器納長者骨殖，其證存於姜寨遺址等地。瓦器爲間葬器，不依一地瓦棺多寡而異，不得曰孤瓦棺爲瓦棺，眾瓦棺一地而聚非間葬器。在姜寨納長者骨殖瓦棺起出前，上世紀50年代末，考古者發掘河南魯山某處埋葬遺跡揭露穴納甕，而且甕納長者骨殖〔註11〕。百件納拆理骨殖之甕聚一處之證在河南汝州洪山廟。1989年，發掘者在此地揭露「甕棺群」，更多甕棺係「成人甕棺葬」，眾瓦棺聚於 M1。「墓坑內置 136 件甕棺，」「貼近西壁處有一排南北向得小型甕棺，其餘均爲大型甕棺。」「小甕棺爲兒童甕棺，大甕棺爲成人甕棺。甕棺均爲大口直壁缸，其上扣以半球狀或其它形制得蓋，缸內均置有人骨。」眾瓦棺密置於一處掩埋，曾使發掘者動容，彼等命此遺跡「大型合葬墓」。此墓範圍雖大，但仍係與葬闕。其納甕棺雖多，甕棺仍係間葬器。

《汝州洪山廟》以「墓葬與甕棺」爲題，下舉「墓葬結構」、「墓內甕棺佈局」、「葬具與葬式」、「典型甕棺舉例」等四題，局部記述發掘細節〔註12〕。作者又嘗試類別甕外壁圖樣題類，但其類別不涉與葬闕內甕行列曆義、葬闕走向曆義。如此解釋無綱而目不清，不得爲範，但作者言舊葬俗頗細，能彌補舊發掘紀實之虧。

〔註11〕河南省文化局文物工作隊：《河南魯山邱公城遺址的發掘》，《考古》1962 年第11 期。

〔註12〕河南省考古研究所：《汝州洪山廟》，中州古籍出版社，1995 年，第 17 頁～第 24頁。

我以爲，此與葬闞訓釋須從前訓半坡與葬闞及姜寨 M205 上層曆訓之途，訓者須兼顧瓦棺外壁圖樣曆訓，間葬器效程曆訓，洪山廟 M1 將得體訓。譬如 W14：1 不獨程度有曆義，其外壁圖樣也有曆義，拆理骨殖放置也有曆義。

（2）棺以司寒暑月變率而褒死者

今人言棺，不舉褒貶。依禮制用「棺」者須知其褒義。「棺」韻從「官」讀，器以木爲。「官」讀從「爟」。爟喻爟事。司馬遷作《天官書》，但不述「官」源，歷代研究者也未申述其義。今須考字源以顯其文明史影響。

訓釋「棺」須照顧二事：第一，棺韻讀從爟，爟事乃曆爲一端。第二，甲骨文「官」象形之曆義。棺字本乎官。故而，甲骨文「官」義本非等閒話題。澄清字義，乃三代史治之基。第一題已細訓，此處不贅言。唯餘甲骨文官字源索與義訓。

許慎訓「官，吏事君者。」「𠂤猶眾也，此與師同意。」《唐韻》「古丸切」。此訓貴人等，以及人等行爲之別。但吏義不明。清代以降，吏字罕用。《古文字詁林》具楊樹達援何子貞云：校官係學舍。官字從宀，凡從宀之字皆以屋室爲義，官字下從𠂤，蓋象周盧列舍之形，謂臣吏所居，後乃引申爲官職之稱。《周禮》官府都鄙並稱，是其本義。楊氏從此說。楊氏又引《禮記·曲禮》下篇：「在官言官，在庫言庫，在朝言朝。」楊氏以爲，諸言以官與庫朝爲對文，引鄭玄注爲證：「官謂版圖文書之處。」云：「此官指地非指人之證。」楊氏又引《後漢書·魯丕傳》魯丕奏云：「學官，傳五帝之道，修先王禮樂教化之處。」楊氏重申，漢人釋官爲處。馬敘倫無新說，陳夢家定官當館，何金松從之。于省吾先生引第一期甲骨文「貞，帝官」「帝不官」，以爲「官」指某地，爲地名（第 10 冊，第 762 頁～第 767 頁）。

檢許慎釋𠂤曰：「小𠂤也。象形。」孫詒讓：「此疑叚𠂤爲師」，論者依許慎說用此字「師」義。殷三師、周六師俱被用以佐證。論者俱不檢此字韻讀與𠂤韻讀參差之題〔註13〕。依此得知，古文字學者檢古字未嘗聯繫字狀與字韻。

檢官字作𨸏或𨸏本乎𠂤字堪兩向而寫，作𨸏或𨸏，義或無別。但細察即見小差。面南轉而面北，兩狀無別。但古者「向明」，賢人君子面南察象。故弧背東、背西須顯反義，或各寫全義之半。此義乃星曆義。

〔註13〕于省吾主編：《甲骨文字詁林》（第四冊），中華書局，1999 年，第 3036 頁～第 3042 頁。

　　言此字有星曆義，其證在此字弧狀乃寫星象。單字弧背外，乃紫微垣之半。造字者不便畫紫微垣，但摹寫其半。倘使還原紫微垣模樣，須扣合連字，使二字背外，得◌字。此狀非字，但爲星象與曆算圖。言其爲星象圖，故在外廓摹寫紫微垣星圖。紫微垣左旋，異乎北斗七星右旋。言其爲曆算圖，故在其內有相耩「六」。紫微垣大頭在南述冬季，大頭在北述夏季。若春秋季，紫微垣旋轉 90°，此圖見上六、下六。上六、下六能爲爻數，也能爲月次數。前六月，後六月。言春秋，秋分迄春分，見六個月。自春分再迄秋分，見一歲。冬夏月率六，不得爲十二，故此圖樣堪缺省一半，存一半而曆義不變。官字從◌，故若論◌與◌韻讀關聯，須先澄清◌字韻讀。檢此字韻從夷、亦或刈。從夷謂平，告察曆日不誤，春分平。若言人「眾」，如師義，則自紫微垣星宿眾而引申。三師、六師等名俱本乎此義。

　　而◌本告祝巫爲曆，察宿準乎紫微垣，從帝星。紫微垣旋轉，猶丸如卵，往而還。字從爟得韻，唯鳥丸，即歲還歸。其徵候即鳥萑北還。曆爲、察宿等俱係五帝功業基礎。故魯丕言「官」二義不誤：五帝之道傳承、其傳承之所。楊氏唯貴事爲之所，不貴事爲。官基礎乃「五帝之道」。五帝之道乃文明教化之道。文明貴在星曆、服制，《堯典》曆爲、父宗法證〔註14〕。鄭注「版圖文書之處」非「處」，乃藏納版圖文書之所。有其所，須有吏。吏知版圖文書。版圖出自觀測。觀測涉高低。高者在天，低者在地。於交通不便之遠古，測繪山川地貌、辨方正位須依星象認知，而非現代羅盤。文書本乎祝史，後世仿效而拓展喻指。傳授五帝之道不與直效版圖文書牴牾。《穆天子傳》堪爲旁證。楊氏唯貴「處」，不貴事爲。

　　棺倚傍官，唯從木。聖賢造「棺」字，欲顯祝巫爲曆之能，而且此能係草木茂盛基礎。加「木」部不獨褒揚死者能爲曆，而且能依曆算令草木起身。此乃祝巫德行之一。「瓦棺」之「棺」二字互訓，瓦納骨殖如半坡之棺或大汶口納骨殖之棺。故瓦非木，但堪以棺名之。

（3）棺爲間葬器之功未曾消亡

　　棺源於狄宛二期，源地或係半坡遺址早期。半坡早期以降，迄大汶口時期，棺納祝巫拆理骨殖。此時以迄龍山時代，瓦棺、木棺、石棺俱係間葬器，而非孤器。

〔註14〕馬治國、周興生：《從『觀厥』『鰲降』卦變大義看堯邦父宗法的傳播》，《西安交通大學學報》（社會科學版）2014 年，第 3 期。

在先周，禮教服制使瓦棺喪等，不再入間葬器，而爲寫記族人、長輩愛護死者遺體之器。《禮記·檀弓》：「有虞氏瓦棺，夏后氏塈周，殷人棺槨，周人墻置翣。周人以殷人之棺槨葬長殤，以夏后氏之塈周葬中殤、下殤，以有虞氏之瓦棺葬無服之殤。」陸德明曰：「七歲以下爲無服之殤」〔註15〕。於三代墓葬之周人殤類，陸言不誤。但陸氏未言用棺本乎貴族喪祭之須，以及世人厭惡遺體朽敗心態。《墨子·節葬下》爲證：「棺三寸，足以朽體；衣衾三領，足以覆惡。以及其葬也，下毋及泉，上毋通臭，壟若參耕之畝，則止矣。」

中人雖惡陌生尸體，但又不能遏喪主恤死者遺體。權衡維持喪主之愛與便他人覆惡之欲，故須棺材爲「間器」，盛斂遺體。此時，葬闕非曆闕，故在闕深「上毋通臭」。此時代，太史掌曆，中人知曆，但不須查考日出、日影、日宿。狄宛第二期，瓦棺間葬埋地之俗廢棄。彼時，祝巫操心瓦棺納骨殖何時散發朽敗之氣。間葬器瓦棺覆盆鑽孔爲朽敗氣味升騰之徑。彼時，祝巫不樂生、不避死。不謀香，不害臭。而今，敗骨朽肉之氣不爲忍受。此時，棺木「間」功凸顯。

棺木間功不礙古葬俗變。東周以降，葬闕不再有曆義。服制崩壞。2007年，考古者在江西省靖安縣水口鄉李家村揭露一座東周大墓，佔地面積約1100M2。大墓密集排列47棺木，G47有槨。發掘者言，眾棺「依次從墓道進入，」認定46「木棺應屬於對G47的殉葬，這反映出春秋時代人殉制度仍然存在〔註16〕」。此言翔實。此處已見葬闕俗變。G47納骨殖係遺骨，來自遺體。此與葬闕納棺甚眾出自厚葬，未必循從禮制。此事已悖制禮者欲褒死者之意，半坡及大汶口棺葬闕之曆爲已被扭曲。

後世埋葬者不再照顧葬闕與骨殖曆義，遠古葬闕消亡。在土葬盛行區，民間風水堪輿者仍有謀生基礎，此事本乎喪主貴重葬闕位置之擇，但己力不及，故今捨財而某來利。而此等利害之計又源於遠古葬闕朝向、處所有占時之義。而此題恰被考古界輕忽。

2. 嬰童間葬闕曆檢須貴源探

1）納骨瓦器埋地舊說要略

（1）發掘者述瓦納骨殖埋地

今依發掘紀實發行次第舉發掘者自述。《西安半坡》：「埋在圓形豎穴中的

〔註15〕揭第 2 冊註 31，第 82 頁。
〔註16〕江西省文物考古研究所：《江西靖安縣李洲坳東周墓葬》，《考古》2008 年第 7 期。

49 座甕棺，大部分都是正置於坑中，小部分略向西或西南傾斜。」依此發掘紀實圖一五六，豎穴底不平。（第 212 頁～第 213 頁）

　　姜寨第一期，孤葬闕納一童骨殖之例罕見。姜寨 M159 甚爲珍貴（《姜寨》圖五八，M159）。甕棺葬涉及豎穴有二等：長方豎穴（160 座）、圓口豎穴（42 座）。穴狀不清者 4 座。長方豎穴坑口長 0.7～0.9、寬 0.45～0.6、深 0.38～0.66 米。圓口豎穴直徑 0.35～0.7 米，深 0.37～0.5 米。長方穴一部底面一邊高一邊低。甕放置：豎放者 129 座，向西偏者 37 座，向西北偏者 13 座，向西南傾者 14 座，向東、向南各 1 座。方向不清者 6 座。甕向西、向北、西南 64 座甕棺，斜置與平放各 32 座。甕豎放、向西放置者有 166 座，占 80%，向西南、西北者 27 座，占 13%。甕納骨殖來自十四歲下嬰童。尸體放置頭在翁口，足向甕底（《姜寨》第 63 頁～第 66 頁）。

　　依《發掘報告》（下冊）附表一〇，狄宛第二期瓦棺壙計 6（M206、M213、M302、M315、M316、M214）座。3 座外廓不清，餘者盡係「長方形豎穴土坑」。骨殖或難以辨死亡年齡，或在 2～3 歲，此二處瓦器納骨殖盡係幼女骨殖。《發掘報告》（上冊）僅有一言述瓦棺壙：「以甕（罐）、盆、缽爲葬具，出土時葬具多傾斜」。依圖一九一（M302）平面圖，壙長方而納骨殖甕斜置於壙中，走向西偏北——東偏南，南北東西壙邊距納骨瓦器較遠。圖一九二（M213）平面圖見納骨瓦器外廓與壙壁邊連線構圖相似，狀似不規則圓。瓦器放置走向西南——東北，而東南深入（第 271 頁～第 273 頁）。

　　另見某種成人長方葬闕與納嬰童骨瓦闕搭配。瓦棺先深埋，後掘長方豎穴，使穴底兩邊寬大於瓦棺直徑，後置成人拆理骨殖。放置成人骨殖時，使股骨平行或斜搭於圓口瓦器口沿之內（黃楝樹 M15 與 W24、黃楝樹 M11 與 W21、青龍泉 M237 與 W72）。偶見骶骨位於瓦棺口上（青龍泉 M45）。此等遺跡多見於漢水中游，黃楝樹遺址〔註17〕、青龍泉遺址〔註18〕爲例。

　　M15 位於 T8，墓向 223 度，骨殖仰身直肢，顱骨在西南。顱骨兩側各有一組耳飾，右耳飾以石珠 2 枚、陶環 1 個，二者串繫，左顱骨部有石珠 4 枚、陶環 1 個。12 枚成串石珠置於腰部。腿骨下埋瓦罐、豆組合棺 W24，納嬰兒骨殖。

〔註17〕　《河南淅川黃楝樹遺址發掘報告》，《華夏考古》1990 年第 3 期。
〔註18〕　《湖北鄖縣青龍泉遺址 2008 年度發掘簡報》，《江漢考古》2010 年第 1 期。

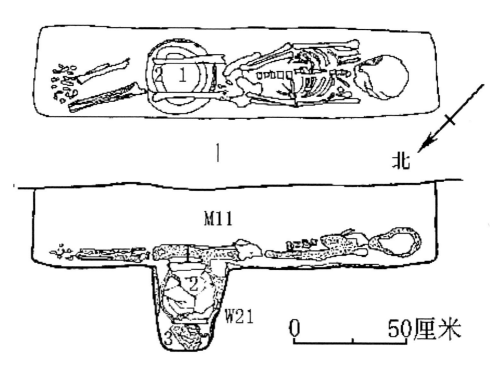

圖六八：黃楝樹 M11 與 W21 平剖面

　　M11 也位於 T8，墓向 223 度，骨殖仰直，顱在西南，股骨下係罐、豆組合瓦罐 W21，罐下有豬顱骨。

　　2002 年 10 月迄 2004 年 11 月，西安市文物保護考古所在魚化寨遺址揭露了屬仰韶早期 123 座瓦棺葬闕。葬闕俱係豎闕。其狀別為圓（橢圓）筒狀、圓（橢圓）鍋底狀、圓口袋狀、方口過底狀、不規則狀五等。納骨瓦器別六等：甕缽、甕瓶、甕甕、3 甕（2 甕合葬，加蓋 1 甕）、單甕。圓闕 22 座，壁直、底平。圓口鍋底狀葬闕 91 座。坑口橢圓或圓。口大底小，坑壁直或略弧，平底或圓底。另見圓口袋狀 1 座、方口鍋底狀 2 座、不規則狀 7 座。發掘者給圖示諸瓦棺間葬闕程度略要：W1 坑口徑 0.66、底徑 0.58、深 1 米。W2 口長徑 0.75、短徑 0.6、深 0.4 米；W10 口徑 0.48、底徑 0.43、深 0.56 米；W44 口徑 0.55、深 0.78 米；W123 坑口徑 0.25、深 0.49 米；W3 坑口徑 0.8、底徑 0.45、深 0.91 米等。依此發掘紀實，深程俱在 1 米內。發掘者不曾給平面圖子午線。此係發掘報告編訂瑕疵〔註 19〕。

〔註 19〕　《西安魚化寨遺址仰韶文化甕棺葬墓發掘簡報》，《文博》2012 年第 1 期。

（2）舊檢偏重納骨瓦器組合與埋葬者信從靈魂說

李仰松先生曾類別間葬器組合。他舉第一類係直筒罐與器蓋組合。伊川縣土門仰韶遺址曾見兩座。器納成人骨殖。第二類即夾砂罐與盆、鉢組合。罐或甕納「小孩尸體」，口覆一個或兩個瓦鉢，鉢底鑽小孔一眼。寶雞北首嶺、半坡遺址俱見此等。第三類由豆與鼎組合，或三足盤與夾砂罐組合，係幼兒甕棺，見於魯山邱公城遺址。第四類由兩件半截尖底瓶組合，器納幼童「尸體」，橫置而埋於房屋附近。第五類係尖底瓶上截與直筒罐組合。器納幼兒「尸體」後埋在房屋附近。

他講仰韶文化（兒童）甕棺葬是當時「精靈崇拜」的反映。此名出自《西安半坡》第五章「精神文化面貌」第二節「藝術、墓葬等方面所表現得精神文化面貌」下第二「埋葬習俗中所反映的意識和原始宗教信仰」（第220頁）。成人甕棺葬係「凶」死者葬俗。又以為，仰韶文化「成人甕棺葬」是當時人們對「凶」死者埋葬的一種葬俗。「凶」死者嚴禁葬入本族的墓地裡，但他（她）們與本族「凶」死者埋葬在一起。一般幼兒甕棺葬，隱微他們還未成年，所謂其靈魂還不成熟，所以他們即便為「凶」死者，他們也可與本族「凶」死者葬在一起〔註20〕。

（3）半坡與姜寨狄宛遺址瓦棺間葬漏檢舉要

檢半坡遺址、姜寨遺址、狄宛遺址揭露瓦器為間葬器葬闕，狄宛間葬闕最早。發掘紀實錄載發掘者陳述，每種陳述反映發掘者認知或推測。自上世紀五十年代，發掘者見瓦棺葬闕甚眾，但迄今未見一人檢討家葬闕細節。

但無一發掘報告解答後諸問：第一，既然精心埋葬嬰童，不吝用精工瓦器，為何挖穴時平整穴底地面？第二，姜寨第一期瓦棺闕之長方豎穴多，圓口豎穴寡。長方豎穴與圓口穴之別僅在模樣參差嗎？第三，涉狄宛瓦棺闕，M213平面圖顯非長方豎穴。而附表一〇記此葬闕外廓「長方豎穴」。檢圖得知，附表一〇「長方豎穴」不可信。第四，圓穴、長方穴何者更早？

2）晚近研究疏漏

（1）檢討者聚焦於配器或地域特色

依劉艷紅檢討，甕棺葬之俗非獨見於中國史前遺跡，也見於域外遺跡。

〔註20〕 李仰松：《仰韶文化的甕棺葬》，《民族考古學論文集》，科學出版社，1998年，第69頁～第75頁。此文最早見於《考古》1976年第6期。

此俗在域內久傳不絕，自仰韶時期以迄上世紀 50 年代前〔註21〕。許宏曾檢討史前甕棺葬，細舉中國揭露「甕棺葬」之地：黃河中下游遺址、長江下游遺址、東北松嫩平原遺址、西南橫斷山區、以及台灣本島遺址。許氏舉眾多納骨瓦器，譬如深腹平底罐（甕）、鼓腹圓底罐（甕）、卵狀三足甕、鼎、釜、瓿、大口尊等。許氏判別兩等「尸骨」放置樣式，由此定葬式：將尸骨全裝進甕棺，命曰「裝入葬」。他認為，此狀況占甕棺葬大部。另一種以器「蓋頭」、「套頭」或「蓋、套住上半身，而其他部分暴露在外，」此狀被命曰「非裝入葬」（圖二，1、2）。前者如陝西岐山王家嘴 W1，後者如河南鄭州大河村 W11〔註22〕。翟霍林以為，魚化寨遺址甕棺葬之多重棺結構可能是棺槨萌芽。「同穴異棺」係早期甕棺葬之新樣式〔註23〕。

李英華沿襲考古界習慣，命股骨等骨殖下圓口納瓦器遺跡為「甕棺腰坑合葬墓」，以為 M11 罐下豬顱骨告此墓主（生前）富有。三座組合葬闕位近房址。認定漢水中游遺址「甕棺腰坑合葬墓」絕非源自其他地區影響，是本地區獨有葬俗，有鮮明地域特色〔註24〕。涉股骨置於罐上，發掘者謀解此疑而推測，M15 與 W24 納骨殖所自個體同時死亡，被埋葬者係母子。此念頭持續發酵，以致有人認為，將殤嬰兒之瓦棺置於墓主骨盆及大腿骨下，乃證墓主分娩難產而死。欲使母子不相離棄，或許欲使嬰兒重回母體後出生〔註25〕，故在墓主生殖器部位挖出這種「腰坑」。又以為瓦棺模擬轉生〔註26〕。但黃楝樹遺址諸墓僅 M15 納成人骨殖本乎女性死者。

（2）舊論俱不及源問

晚近研究者關注話題僅有三端：死者性別及嬰童與先輩血緣聯繫等、納骨瓦器配組、區域特色。如上諸題固堪檢討，但此等討論頻流向考古文化一脈，不涉遺跡細節。言端疏闊而念頭散碎。甚或不乏檢討者罔顧發掘紀實事例。

譬如翟氏不曾照顧魚化寨瓦棺與瓦棺葬闕程度參差，以及此參差背後有無某種曆義。而魚化寨挖棺葬遺址發掘報告作者竟然不給平面圖加繪子午線。

〔註21〕 劉艷紅：《甕棺的出現與研究》，《文教資料》2010 年第 13 期。
〔註22〕 許宏：《略論我國史前時期甕棺葬》，《考古》1989 年第 4 期。
〔註23〕 翟霍林：《魚化寨遺址仰韶文化甕棺葬墓的幾個問題》，《文博》2012 年第 1 期。
〔註24〕 李英華：《漢水中游地區史前腰坑與甕棺》，《江漢考古》2010 年第 1 期。
〔註25〕 楊華：《論中國先秦時期腰坑墓葬俗文化的起源與發展（上）》，《三峽大學學報》（人文社會科學版）2005 年第 6 期。
〔註26〕 郭立新：《石家河文化晚期的甕棺葬研究》，《四川文物》2005 年第 3 期。

譬如已見成人股骨下、或骶骨下、或胸椎肋骨與尺撓肱骨下有圓口瓦器，李氏俱呼「甕棺腰坑合葬」。其次，論者慣於依現代埋葬述古葬闕埋物。譬如，目睹物為骨殖，強言「頭」、「尸體」等。如此陳述掩藏一個狀況，迄今考古門一些檢討者毫無學術基礎。凡見論者述區域考古文化特色，須見論者通篇不曾細檢一處葬闕。而器組檢討僅係瓦器區系類型旁支。葬闕檢討變為瓦器類型說旁支。由此，能察知考古界某種「壟斷」脾氣，以及善於「臣服」者之卑劣。

括要而論，考古發掘與考古研究者迄今俱輕忽源問之題，彼等不曾發問，瓦棺源頭何在。而此題之答乃後世蔓見瓦棺間葬闕檢討根基。

（二）嬰童以甕間葬源自寫記北天球察黃赤道耦變

1. 阿拉斯加上太陽河遺址雙嬰葬闕曆訓

1）嬰骨直葬選譯及其圖釋

（1）「人骨」截摘譯

依美國阿拉斯加大學人類學門 Ben A. Potter 博士等研究者報告，他們在阿拉斯加腹地太陽河上地（Upward Sun River）遺址揭露距今 11500 年兩嬰兒墓。（Here we report on the discovery of two infant burials dating to-11,500 calibrated years（cal）B.P. at the Upward Sun River site in central Alaska）。二嬰被埋於一筒狀闕，闕納有機物與石器時代隨葬物，骨骼與齒檢顯示，嬰兒骨殖 1 產後不久死亡。嬰骨 2 係將成胎兒。此葬闕 40 釐米上有先是揭露之 3 歲幼兒火化遺跡。

今自此文摘譯〔註27〕「Human Remains」後二段，以及文末「Discussion」便讀者檢讀。

人骨

嬰兒骨殖近全存，若解剖狀，容許重構體位與面向（目向），以視凹陷、遺址、地貌，圖 2。骨殖 1 仰臥狀、面上，雙膝緊屈向肋骨，左上肢骨手部近下頜，（右上肢骨伸過軀幹以向左邊。骨殖 2 置向更難辨清。此副骨殖看似最初被垂置。雙膝緊屈向胸肋。初揭露時，軀幹斜覆雙腿骨，雙腿骨不連軀幹，左臂骨伸迄背邊，傍骨盆。仰角測算指告，顱骨、胸椎，雙手高過骨盆，高過下肢骨，高過腰椎。軀幹前位移似乎歸諸覆土擠壓。替換性設擬係，第 2

〔註27〕　先是，已尋求得 Dr. Ben A. Potter 情願。

骨殖印記次葬〔註28〕。或許，骨殖1係殤者亡後入土某處，後被掘出而置此處。唯此釋足辯下肢骨異位與擾動之故。嬰骨置向與處置與赭色覆裹骨殖之狀似告二嬰骨殖曾斂於裹布。

骨殖1、2與鹿角桿俱依向而置，粗察即見平行，西北偏北9°、8°與359°～361°。二軀幹近似垂直於山丘、凸出沖積階地向北與塔納納河，朝向295°～310°，西北偏西。遺骨1以顱朝河，遺骨2看似坐向河。先是揭露之火化未盡骨殖仰面、雙腿骨屈，顱向西南，直250°。但此骨殖與山丘、階地邊緣、或塔納納河位置關係不清。亦未見隨葬物。如此，火化（骨殖）與前述葬埋骨殖葬途、位置、面向俱異。<u>2人骨殖存狀甚佳，每件看似新置。但後沉積地壓致脆弱部裂開</u>。如此，骨殖與齒堪描述如：第一，全。第二，支離猶堪還原。第三，支離過甚不堪復原。曾遇數例，（我等）即使細察仍不能辨識，第三狀況影響兩塊顱骨，尤影響面顱與額骨（第17061～17062頁）〔註29〕。

下劃線出自我增畫。此二言告此處見骨殖被拆理。於檢討者，此二言乃關鍵表述。原作者未嘗深究此狀含義。

（2）原文圖1與2釋

後援此文2圖，未加線段與夾角。英文圖釋譯文位於圖後。第一圖之A給遺址地理位置。B告發掘區與葬闕位置，以及用火地。C告遺骨與隨葬物。D具遺骨原位。

A上黑線指圓圈即地名「上太陽河」，北見「冰河期冰」。圖A下英文謂「冰河期冰與12000年前海岸線（12000 cal BP）」。B方框告開掘區。赤色部告紅燒方位。灰色告著（木炭）灰（密集）處。黑短線兩條指葬闕位。自東向西，第一線告2010年第5發掘點，火化見紅燒土。第二線告2011年第13開掘地，即葬闕。

〔註28〕 葬別初葬，次葬。考古界有譯a secondary burial如「二次葬」之例。案：secondary耦primary。初葬不改者恒爲葬。無謂次第。初葬骨殖有改，次第本乎此。西文考古文獻唯見初葬、次葬，而無「二」、「三」。不詳中國考古界用「二次葬」本源。

〔註29〕 Ben A. Potter, Joel D. Irish, Joshua D. Reuther, and Holly J. McKinney: New insights into Eastern Beringian mortuary behavior: A terminal Pleistocene double infant burial at Upward Sun River, Proceedings of the National Academy of Sciences of the United States of America (PNAS), vol. 111, no. 48, December 2,2014, P.17060～17065.

C 給灰白箭頭告骨殖1（右）、骨殖2（左）與附隨葬物。鹿骨桿、兩頭銳器。案，發掘者言右告西，左即東。東邊骨殖鄰歲葬物。

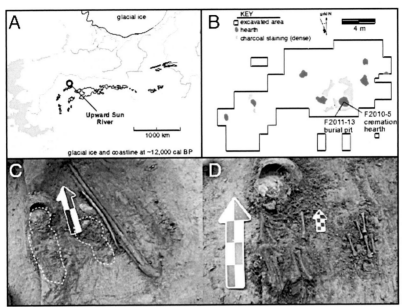

圖六九：上太陽河遺址位置、發掘區與葬闕及遺骨

原文圖 2 如後。

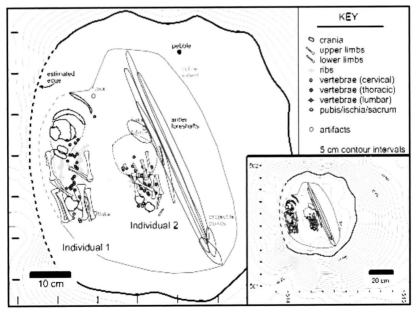

圖七〇：東白令海峽上太陽河遺址雙骨殖葬闕平視圖

　　原圖右上角圖釋（自上而下）：顱骨（額骨、頂骨、面顱、顳骨等）。上肢骨。下肢骨。肋骨。脊柱之頸椎。脊柱之胸椎。脊柱之腰椎。恥骨／坐骨／骶骨。工成諸器。近筒狀葬闕外廓輪廓間隔線（每 5 釐米一圈），負數告地平下深程。

　　黑粗線一圈告此葬闕，赤色線東北有弧狀，西南顯弧凸。虛線告推測邊緣線走向（黑箭頭所指）。黑線內、朱線外自北而南見二言：北端一言謂「卵石一塊」，下二赤色英文謂：赭色域。骨殖 2 北端、傍鹿角（箭）桿有雙面石器，右下（東南端）英文字謂「拋擲物前銳端」，其東南有兩枚雙面端銳如矛石器。另在赤圈內三處有片狀器，係工成器。

2）雙嬰葬闕曆釋

（1）Potter 等漏檢七問

　　原文末有討論，但話題不涉七問。

問一：赭色域外廓線模樣與葬闕外廓線模樣緣何差別？

問二：鹿角桿北偏西段接赭色外廓線北偏西一點，鹿角桿南偏東端爲何不接赭色外廓線，而以雙面銳石器之一端接赭色線？此石器接赭線端何故傾向左？另一相覆雙面石器向外一端爲何傾向相反？

問三：赭色外廓線北偏西模樣與南偏東模樣參差，其故何在？

問四：北偏西赭線西北端兩邊線段爲直。沿四根鹿骨桿狀投擲器西邊一器畫直線，迄今北偏西赭線頂端，自端點沿赭線畫西南線段迄拐點，再畫此端點向東偏北直線，迄赭線拐點。兩截線段長度相等。其故何在？

問五：倘使延長向東偏北線段，迄卵石處，此線段有何義？

問六：依原文圖 2 右下葬闕等深線，檢得此葬闕中央等深線當至深 1.3 米，次圈等深線當 1.25 米，第三圈等深線當 1.2 米。第四圈等深線爲此葬闕底邊緣走向線，其深 1.15 米。

　　　　倘若鹿角桿上下端依某個圓點左右擺動，右下端兩塊雙面銳端石器將越過兩條等深線：1.25、1.2 米。相差 0.5 釐米。如何解釋此高程變動？

問七：依原圖 2 比例尺，鹿角桿上下肢骨係圓點延長線。鹿角桿走向與子午線成 20°角。在刊載此文網頁測圖 2，得南北徑長 6.5 釐米，東西徑 6.5 釐米。比例尺長 1 釐米當 10 釐米。此葬闕底徑 65 釐米。今問：葬闕深、徑長有無曆義？

（2）曆訓

檢葬闕深 1.15 米底面當黃道平面。鹿骨桿走向與子午線交角 20°告即時日照線，謂冬至日照線。在春分日照線（緯線）南 70°。

赭色域外廓線東西兩半曆義參差，俱述星曆義，故赭線外廓模樣異乎葬闕外廓線。東邊，見赭色線變闊述赤經面變動（詳後加畫深藍線圖）。西半貌異，故在骨殖 1 內向而彎，傾向東南，面顧向東南。東南乃新歲日軌道面抬昇之所。骨殖 1 背靠西邊係北天球局部輪廓，故顯凸弧，猶如某巫在夜竭力向東南求索。

後圖見加畫深藍色弧線，以及北偏西頂端向兩邊延長線，自此線向右卵石延伸線。弧線謂日軌道面爲橢圓面。骨殖 1 面顧朝向此物。近察見大遠察見軌道面小而細，曲率更大。弧線邊緣接骨殖 1 肱骨，而其尺撓骨走向恰係日出點。

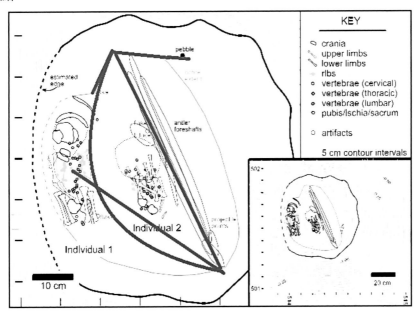

圖七一：上太陽河遺址雙嬰葬闕日軌道變動

鹿角桿四根象徵日照。日乃陽物，爲球而旋轉，光線別長短，故鹿角桿長短不一。北偏西段接赭色外廓線北偏西一點，此點乃日宿點，而軌道面遠觀爲橢圓，故看似扁弧狀。鹿角桿南偏東端不接赭色外廓線，而以雙面銳石器一端接赭色線，故在即時能見一端能告日軌道面唯一走向，今見其狀告日軌道面有抬昇傾向。待夏至，軌道面返回，又及此處，故見另一雙面器東南

銳端反向。反者，返也。鹿角桿東南端稍轉而見高程變動，其故也在此處。

　　赭色外廓線北偏西模樣與南偏東模樣參差，故在祝巫已在西北給四根鹿角桿最長者存留日軌道抬昇空間。

　　北偏西赭線西北端爲定點，兩邊線段爲直。沿四根鹿骨桿狀投擲器西邊一器畫線，迄北偏西赭線頂端，自端點沿赭線畫西南線段迄拐點，再畫此端點向東偏北直線，迄赭線拐點。兩截線段長度相等。其故在於，東邊延長線迄卵石線段直春分日。是日，日東出，西落迅速，近似垂直降落，但晝夜等長。

　　此葬闕深程、徑長程曆義俱依堪依度當日算術檢驗。在此，照顧依圖測算誤差 1cm，取徑長合狄宛 2 尺：

3.0416×2＝6

底面當前番冬至日，當狄宛曆 11 月 6 日。

葬闕深程曆義：

1.15÷0.33＝3.4848

3.4848×3.0416＝10.5

此數謂 10 個月又 10 日。

　　如此，此葬闕深、徑長俱有曆義。其底爲冬至，迄夏至爲六個月，今見 10 個月又 10 日，故得葬闕口曆日當次年 8 月 28 日。在秋分後，值寒露、霜降間。依此溯推，祝巫在某年秋分後挖掘此葬闕。

　　此曆算有一考古基礎：原文圖 4 四根鹿角桿，自上而下，三根面上有「X」刻痕，最長者約有 21 個，次長者約有 22 個，第三根約有 20 個。總計 63。每個當狄宛系數字五，相乘得數 315。此物埋於骨殖 2 旁，又寫記赤道面，由此判此數述日數。

　　前依度當日算術算得深程當日數 10 個月又 10 日。準乎 10 個月之半爲大月，當 31 日，10 個月日數等於 305 日，再加零頭 10 日，得數 315 日。此數等於辨識鹿角桿計數。

2. 域內童葬闕寫記黃赤道耦動例釋

1）白家村納童骨葬闕 M19 曆訓

（1）發掘者述葬闕不塙

　　《臨潼白家村》述：M19 位於 T115 西南，爲「屈肢葬」。方向 290°。

墓坑爲「橢圓形」，長徑 0.96、短徑 0.80、深 0.16 米。人架側臥，低頭、屈膝、頭抵近膝部，左手回屈抱膝，右手回折在頭下。死者爲一少年，年齡 12～13 歲，性別不明。人架周圍見幾塊大陶片，無其他隨葬品（圖一四，第 16 頁）。

此葬闕係白家村前仰韶時期葬闕之一。王仁湘先生曾言：「前仰韶文化藏地、坑位排列凌亂，方向亦不一致，屈肢葬多，且有一獸骨隨葬之俗〔註30〕」。此言本乎考古界不曾深入檢討葬闕曆義。此等疏忽本乎不曾細查葬闕。

曾發掘者言「人架」不塙。顱骨與肢骨不在同平面。儘管考古界言「人架」非確指名，但發掘者以此告骨殖有「架子」，此名本乎自然人體狀骨頭關聯支撐，而非拆理後某種擺放。我也認爲此處有架，此架乃支架。平面圖見骨殖之顱骨左額骨顱骨被髖骨部支撐。而且，左掌骨連尺骨撓骨與右尺骨或撓骨相交。發掘者又言，（遺骨）左手回屈抱膝，右手回折在頭下。此言也不塙。依平面圖，顱骨之額骨、頂骨二部上狀似戴天，顱底在下。顱骨位於右掌骨之上。如此，右掌骨局部替代頸椎，支撐顱骨。手掌骨連手指，而手指有指向之力，此力被賦予顱骨之面顱部。如此，面顱上雙眼眶並得指向之力。脊柱被拆解爲二部：上截擺曲，猶弓背狀，但在東邊中斷。下截直擺，其上端在肋骨中，雖不及頸椎，但有穿肋骨間而及頸椎之狀。頸椎彎曲。此截脊柱之腰椎部靠近一截肢骨東北端。此葬闕外廓似橢圓，顯用於摹寫紫微垣外廓。

（2）增畫線段以顯祝巫爲曆

子午線與緯線：自瓦片 3 正北尖銳端過南邊中線，續向南畫長線，迄左顱骨正東兩根肢骨搭接點，得線段爲子午線。再沿瓦片 3 南底邊線向正西畫線，此線爲緯線。沿瓦片 2 東邊線畫長線，過顱頂，迄額骨，此線平行於子午線。

自頸椎斷裂處畫三線：北邊沿頸椎、脊椎、胸椎殘部畫弧線，於胸椎斷割處截止。自胸椎東偏南端向西偏北端畫直線迄頸椎斷裂處，得中央直線。再自頸椎斷裂處向東南沿肢骨畫線，此線向南延伸，迄左顱骨線兩肢

〔註30〕 王仁湘：《白家村遺址與白家村文化》，《中國史前考古論集》科學出版社，2003 年，第 61 頁。

骨搭接點。在足骨底覓得短平線，此謂史書「踐阼」之踐，自此向南北延伸，南迄橢圓葬闕壁，北過骶骨東邊，向北伸向葬闕北壁，此線係子午線衍生線。祝巫以此告察宿者面南察宿，背靠北天球。而且，顱底不在地平上，而稍向南下傾。昏刻察南天宿，須向近地平線處求索。自足骨底向上沿腓骨畫線，再自腓骨上搭骨殖東南端點沿此骨畫線，再自西北端點沿另一肢骨畫線，此處見兩等三角。肋骨能述日軌道面橢圓。面顱向正南，有察正南日宿之狀。

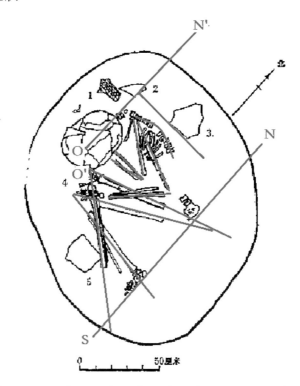

圖七二：白家村納童骨葬闕黃道赤經面變動與紫微垣

（3）星曆

葬闕骨殖位置藏星曆義。稍長三角兩邊俱係橢圓狀日軌道中線。祝巫謀述此等星曆，不得已而以童子脊椎數塊擺出弧線，以顯日軌道乃橢圓面。

發掘者言「墓向 270°」，此度數出自以顱骨頂骨之矢狀縫為子午線，丑兩顴骨線與其相交 90°。

自頸椎斷裂處畫三線：北邊沿頸椎、脊椎、胸椎殘部畫弧線，於胸椎斷割處截止。脊柱背弧寫記日軌道面係弧狀。弧線南中央直線謂日軌道兩

端點連線，此線兩邊一段弧線與一段直線含義參差，非唯祝巫寫記日軌道直對比，而告日宿於此。由此推斷，短直線告日自東南昇，軌道面自南昇而迄此處。兩處見日軌道抬昇 20°。在緯線東南 35°，時值春分前 35 日許。初度數約在春分前 55 日。左顬骨接兩截肢骨，在正東相交，成 10 度角，謂日晨東出點變遷，在緯線南 5°，後在緯線北 5°。此二數告春分前 5 日、秋分後 5 日。

顬底不在地平面，稍向南下傾。擺此向以圖摹記祝巫昏刻察南天宿，須向近地平線處求索。南見方瓦，放寫南垣某宿。下肢骨線與子午線構造兩三角，此兩三角告日軌道抬昇，或日軌道降低。日軌道上昇、降低之日照線與緯線夾角印記此變動。

最大三角長邊與子午線在東南交角約等於 50°。自北而察，此線係冬至日日軌道面中線，冬至日，日晨刻在此起身。額骨下掌骨連肢骨上弧線，向東偏北延伸，再自其上搭肢骨南偏西端畫線，伸向東北。此交銳角 30°。骶骨西見西南——東北線，此線與子午線成 40°交角。以此線為日夏至晨東北出，此線乃夏至日照線。肋骨能述日軌道面橢圓。面顬向正南，有察正南日宿之狀。

此葬闕納拆理童骨星曆義有三端：首曰黃道線。次曰日軌道面。三曰蒼穹，即北天球。而且，祝巫擺其脊椎局部顯日軌道面。而祝巫察宿在蒼穹內，依紫微垣變動曆義。

（4）曆算

M10 長徑度當日：

$0.96 \div 0.33 = 2.9$

$2.9 \times 3.0416 = 8.84$

短徑度當日：

$0.80 \div 0.33 = 2.42$

$2.42 \times 3.0416 = 7.37$

深度當日：

$0.16 \div 0.33 = 0.48$

照顧發掘誤差，計 0.5。

$0.5 \times 3.0416 = 1.52$

此數謂 1 個半月，折算 46 日。

2）關桃園納童骨葬闕 M5 曆訓

（1）發掘者舊述

此葬闕係關桃園前仰韶第二期葬闕。其所屬時代大約早於白家村 M19。此葬闕位於 H140 上。此處不檢 H140 曆義。

發掘者述：「M5 位於 T0215 東南部，為圓形袋狀坑。開口第 2 層下，坑口距地表 0.35、上口直徑 1.2、下口直徑 1.4、深 0.4 米。坑壁規整，未見工具痕，坑底較平。在坑內偏於西壁一側，深約 0.10 米處發現一具小孩骨架，仰身直肢，下肢較殘缺。在頭端倒置 1 件高領平地罐，或是隨葬品（圖一三，3）。」「骨架以下 0.3 米才到底，土質疏鬆，出有三足罐、缽等前仰韶時期陶器，及骨鏟、骨錐、骨耜、鹿角、獸骨等」（《寶雞關桃園》，第 19 頁～第 20 頁）。標本名前綴 H140 或 M5 俱指此遺跡起出物。三足罐即此著作圖一八，2（第 29 頁），平底罐即圖一九，2（第 31 頁），腹似卵狀，平底、平口。其餘遺物皆係瓦器碎片。此葬闕看似毫無透視價值，但畫線後能見其曆義。

頂骨東北有倒置平底罐，器狀不清。器腰上下邊線似斜邊相接，似相交成鈍角。沿兩邊畫直線，各迄葬闕邊線。再沿頸椎胸椎殘部畫線，此線走向即面顱雙目朝向。N——S 謂子午線，O 係瓦片兩邊交點。O——S1 係瓦片東南邊延長線。O——S'謂自交點過頸椎、胸椎直線。左肢骨延伸線與子午線相交於 O'，此線平行於 O——S'。右肢骨連線也平行於此線。

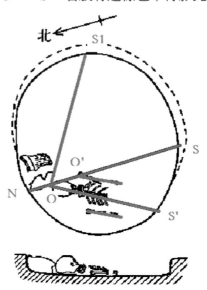

圖七三：關桃園納童骨葬闕 M5 察日照日宿與日行天球

（2）曆訓

O——S'係日東南起身照耀線。與子午線交 30°。若以此線爲日東北出、則須西北落。而且，顱骨對應平底罐倒扣。罐者，爟也。爟宿屬南垣，盛夏輒見。今背爟，謂目不睹，而且去見爟宿月日非淺。故而，時節在春分前。若非以此物象徵爟宿，而以器解，須求倒扣之義。罐乃水器，水器也能聚氣。以罐扣耳，能聞響聲，此乃旁證。地氣不熱，以罐聚氣，能促生植物。冬日渭水流域鄉民以深罐扣韭菜，韭菜能長，但色黃，謂之「韭黃」。由此，得知扣罐告地氣尚未蒸騰。30°角謂目視日落西南。西南乃日宿處。罐東北瓦片大約告北垣某宿。

線段 O——S1 謂日出東南。日軌道面已抬昇。此線段與子午線交角 60°。依此算得日照線在緯線南 30°。時節在春分前。倘使日射線與緯線相交 23.5°，時在春分。今未及此處，故知時在春分前 7 日。

在此，我等雖見祝巫擺骨殖告察宿，但仰臥狀甚難聯繫骨殖背靠天球或面向天球。但察宿須在蒼穹，即天球上，此事無可避免。祝巫不得已，將骨殖擺放在曆闕 H140 上層。此乃下爲曆闕，上爲葬闕之故。此二者與寒暑往返之義，故堪搭配。較之阿拉斯加雙嬰葬闕骨殖 1 後腦、肢骨前傾以合背靠弧狀邊，此處不見彎曲骨殖，但蒼穹有頂，察宿者面前身後，側面俱爲凹弧狀。此點恰堪以 M5：1 鼓腹表述。日軌道面中線記以日照線。日軌道直弧面喪佚。

度當日曆算：

上口徑度當日：

$1.2 \div 0.33 = 3.6363$

$3.6363 \times 3.0416 = 11$

下口徑度當日：

$1.4 \div 0.33 = 4.2424$

$4.2424 \times 3.0416 = 12.9$

自前番春分迄今番春分日，日數變動，原春分日係 2 月 13 日，今爲 2 月 11 日。

總深度當日：

$0.4 \div 0.33 = 1.2121$

$1.2121 \times 3.0416 = 3.6867$

零頭折算 20 日。自底迄口，歷時 1 個月又 20 日。折算 50 日許。起算點係冬至，50 日終於立春。

葬闕深度當日：

$0.1 \div 0.33 = 0.303$

$0.303 \times 3.0416 = 0.9216$

$30 \times 0.9216 = 27$

此日數係冬至迄大寒日數。

3. 顯黃赤道耦動之念致造宥坐器用於間葬

1）宥坐器本乎心形黃赤道耦向耦去動止之度

（1）尖底瓶（宥坐器）萌芽之心形問題

狄宛二期以降能見某種俗稱「尖底瓶」之瓦器。此器葫蘆口、尖底、有耳，如標本 F2：14。遠在上世紀 30 年代，瑞典發掘者 Anderssen 已見某種尖底瓶，以及長條狀尖底瓶〔註 31〕。

自《西安半坡》發行，此器之小口「尖底瓶」為「生活用具」之「水器」說流傳（第 117 頁）。先是，石志廉先生認定，尖底瓶係甀，即《淮南子》「抱甀而汲」之甀〔註 32〕。此後，周衍勛、苗潤才披露，半坡遺址博物館館員曾試驗以此物在靜水池汲水。瓶初入水瓶身繞支點旋轉。水入瓶，重心下移，支點上移，瓶腔納水 60～70%，瓶口翹出水面，不再進水，汲水者提耳繩，瓶身雖能樹立，但仍傾斜。即使手壓使水灌滿，提瓶出水，瓶身復晃，水灑出，迄剩餘 60%，瓶身復直立〔註 33〕。如此可斷，聖賢造此器非謀汲水。

後來，《西安半坡》「水器」「生活用具」說被證謬。研究者嘗試汲水，但失敗了〔註 34〕。孫宵後重申此敗，並關聯欹器、尖底瓶〔註 35〕。王大均等人基於孫氏檢驗認定，尖底瓶用於自動傾覆澆水，此係力學利用〔註 36〕。較之「抱甀而汲」係力學適用之進益。

〔註 31〕 J. Gunnar Andersson, Children of the Yellow Earth-Studies in prehistoric China, Kegan Paul, Trench, Trubner & Co., Ltd. 1934, p. 220～222.

〔註 32〕 石志廉：《談談尖底陶器──甀》，《文物》1961 年第 3 期。

〔註 33〕 周衍勛、苗潤才：《對西安半坡遺址小口尖底瓶的考察》，《中國科技史料》（第 7 卷），1986 年第 2 期。

〔註 34〕 孫宵、趙建剛：《半坡類型尖底瓶測試》，《文博》1988 年第 1 期。

〔註 35〕 孫宵：《欹器與尖底瓶考略》，《文博》1990 年第 4 期。

〔註 36〕 王大均等：《半坡尖底瓶的用途及其力學性能的討論》，《文博》1989 年第 6 期。

　　蘇秉琦先生曾言，此物乃「神職」人員專用器皿。他推測，半坡小口尖底瓶出現之時代出現腦力、體力分工〔註37〕。田建文先生曾檢「尖底瓶起源」。但其立論基礎係瓦器「區域器型」說，此說流向尖底瓶源頭不可知論。此問比較北首嶺遺址罐器相近頗顯系統，而罐器之源係其未知之事。廟底溝類型尖底器或近尖底器之罐器比較也未得出結論，無耳尖底瓶之源也不清白〔註38〕。

　　及上世紀 90 年代中期，尖底瓶為歃器用於灌田似乎成定論〔註39〕。王仁湘先生也認為，此器功在澆田，其傳統來自「乾旱的黃土高原」，似乎須在關中以西地區覓源。而此器乃祭天、祈雨器，固可用於汲水〔註40〕。

　　蘇、王二說堪採，而蘇說為上。其餘諸說俱無立論基礎。澆田說告彼時關中古賢澆粟田，即關中人所謂穀子地。白鹿原以北近滻河、灞河之域彼時濕潤，根本不需澆田。若依王說，高程 30 釐米許「尖底瓶」便於抱持，但此物不如罐汲水速滿又便持。但二者根本未曾涉及此器之心念萌芽，此點乃蠆造業〔註41〕根基。不清此源，不能答何須多造此器之問。

　　晚近，藍毅輝否認 6000 年以前「人」造此類器物出自嘗試、由此邁向認知確定。藍氏斷定造成此器出自偶然，非出自科學原理。藍氏檢得芬蘭出土器皿也有尖底器。基於否認嘗試造器，而認定尖底瓶出自模仿獸皮瓶而造，此理念係範示思考之果，非自創。如藍氏自承，此等「範示」獸皮瓶造器說出自卡爾‧舒赫阿爾特《古代歐洲》〔註42〕。我檢藍氏思向謬誤。古人嘗試而造某器，此器有某能，此乃人類認知積累初階。彼時僅有祝巫嘗試為此，而非「人」。後世所謂科學原理出自系統類別。依此類別造器與原始嘗試造器係兩等理路。藍氏混淆此二者。

〔註37〕　蘇秉琦：《關於重建中國史前史的思考》，《考古》1991 年第 12 期。
〔註38〕　田建文：《尖底瓶的起源——兼談半坡文化與廟底溝文化的關係問題》，《文物季刊》1994 年第 1 期。
〔註39〕　黃崇岳、孫宵：《原始灌溉農業與歃器考》，《農業考古》1994 年第 1 期。
〔註40〕　王仁湘：《仰韶文化淵源研究檢視》，《考古》2003 年第 6 期。
〔註41〕　蠆造之名出自我考譯，此名出自考證德文 Industrialisierung。多年前，謀覓融通中國、德言法言語鴻溝，曾考德國律政術語若干。此字係其一。此等功業基於定效（Normierung）、速成或速工（Beschleunigung der Fertigung oder Verarbeitung）、夥產（vermehrende Erzeugung）。後定此名須譯為蠆造。狄宛第二期已有造瓦器之設施，故須推斷蠆造。
〔註42〕　藍毅輝：《中華科技史同好會會刊》1 卷 2 期（2007 年 7 月 1 日），第 73 頁～第 74 頁。

今案，造物乃複雜動作，乃至動作之道。依道得行，行即及旨的，故在道藏矢量，從而不偏。道別短長，定向後言度，此時須言程。在爟闕燒一瓦器，較之在體爟闕燒數瓦器，參差顯著：其程一般，但其道參差。投火於爟闕準乎上下，垂物而已。投火於體爟闕，須先察火口，投火入口須準乎平而上弧，此僅係一端。狄宛二期造瓦器準乎罋造，此固無疑。遠在罋造之前，今先問权造者造器前須有何知？近 10 年前，我依 James Watt 造器力檢創造力之源並給定鑒別創造力之方程〔註 43〕，準此方程檢石器瓦器製造之道，今嘗試辨識「尖底器」萌芽之心力基礎，而此心力乃心形之能。心形之能及依心念賦予某物某狀之藝能。

「心形」即思向賦予某物某狀。此思程、工程不敗，而後得合心物狀。此三階段往往耗時甚久，自首程迄次程能耗數日乃至數年。先秦竹簡「凡物流形」之流形唯告形變如水，流淌不已。物形變之前，須成形。形者，賦予某物某樣貌。

設祝巫謀造尖底器，於造此器前，有如下難題須解：第一，圖成物心念之源。第二，物狀。第三，形狀。第四，施於人。此四事乃前狄宛第一期迄狄宛第一期，及其後任一造物者須理之事。

圖成物心念納三端：第一，知某物如他人知，某掌此物而放此知造物。第二，知他人不知之物，而欲成此物。但此物不得手持告示他人。第三，圖寫欲成之物，以顯心形。前二者為陰，末一事顯陽。圖寫即繪圖或施畫。建築業之圖樣大抵如此，此圖樣也被命為樣，滿清雷氏繪樣即例證，意大利巨匠達芬奇繪飛行器屬此。

物（料）狀別二題：第一，依物（料）配狀，此物乃既在物，此狀乃謀求之狀。嘗試造不知物料甲乙丙搭配次第與搭配前須有狀況，往往敗於此階。第二，謀造物而造罔存之物。譬如別加工既在物，但尚未「形」。流俗以「造型」言此。譬如，打磨石料欲為石鑿。第二，造一迄今罔存物料，譬如燒泥為瓦，或燒石注水為石灰。燒、加水乃擾更物態（Bedingung），俗語謂之「條件」，擾更某物即更改此物狀態。又譬如，納米材料可用於電氣製造，也可用於噴塗某種清潔材料。但須先為納米材料。倘成此器而告邑人從己而事。

第三，形狀。形、狀乃二題，不得混淆。尋常人等不別「形」、「狀」。形者，使某物料得某結構。形字從狀者，漸次顯其類徵。有類徵，即能認知、

〔註43〕 周興生：《教殤——法律教育論》，《華岡法粹》2009 年，第 44 卷，第 268 頁。

把握，即使再難決之疑，凡類徵圖顯。睹者有知，即能解決。總之，「尖底器」最初如何爲祝巫心念之源，此題不曾被考古界重視。

（2）魯桓公廟宥坐器「虛欹中正滿覆」寫記日行度初中滿三階

《荀子・宥坐》篇記：「孔子觀於魯桓公之廟，有欹器焉。孔子問於守廟者曰：『此爲何器？』守廟者曰：『此蓋爲宥坐之器。』孔子曰：『吾聞宥坐之器者，虛則欹、中則正、滿則覆。』孔子顧謂弟子曰：『注水焉。』弟子挹水而注之。中而正，滿而覆，虛而欹，孔子喟然而歎曰：『吁！惡有滿而不覆者哉！』子路曰：『敢問持滿有道乎？』孔子曰：『聰明聖知，守之以愚；功被天下，守之以讓；勇力撫世，守之以怯，富有四海，守之以謙：此所謂挹而損之道也。』」孔子不曾論此器之源，也不曾考魯桓公廟有此器之故〔註44〕。

今案，桓者，圭名之一。魯桓公者，諡桓以言其知天道、行王禮。而圭臬乃察日行日高之器。此物類同欹器，故以此物褒魯桓公也。此又證大汶口文明孑遺存於魯國。

此器三性本乎注水於此器三程度得三變動。懸掛此器兩耳，注水於半，此器不擺動、不傾覆。此謂宥。注水滿，傾覆而水灑洩盡爲止。此謂「坐」。連坐之坐義同此。坐者，水洩盡而不再搖動。

依禮經，廟乃坐北面南之構築。廟門在南，祖主室在北，直祖廟門〔註45〕。魯桓公廟亦如此。孔子爲賓，雖不哭，但禮拜。推測宥坐器耳在南北向，懸掛而便賓目睹。掛架擺於前廳東或西壁前某處。器懸者，南北支架有橫木。宥坐器雙耳穿繩懸掛。無水則傾斜。加水半則器正，不斜不覆。注水漫，則傾覆洩水，水盡復翻身傾斜。

擺放此器最佳位置係面南而置，其下放置水槽。此器可灌水，可放置於水槽演示。水槽南北而擺。魯國大廟存此器材料如何，今不知。但其器性非初見，遠古尖底器已有。涉此物性存續，先輩傳襲乃其根源。此時，器納水及半而口向上，此性較之半坡時代顯係進益。顧欹器之名唯寫此器性局部，今用宥坐器名之。

宥坐器口、底上下轉動摹寫冬夏日宿、滿則翻告寒極、暑極。翻轉謂水漫則逆轉，自夏至將及冬至，或自冬至迄夏至。水半者，春秋分之象也。此

〔註44〕王先謙：《荀子集解》，中華書局，1988年，第520頁。

〔註45〕張惠言：《既夕禮》（第五卷），《儀禮圖》（六卷），嘉慶十年阮氏刊本，第10頁。

器尖底，鼓腹、小圓口，斜置於側視即見橢圓，此橢圓乃日軌道面。欲以此器寫記日軌道面，此乃心形初階。而後以物料造宥坐器。

2）宥坐器成後用於寫記黃赤道耦向耦去

（1）宥坐器成於狄宛第二期第 I 段

前論成器之前，造器者須知圖成物心念三端。第三端乃圖畫欲造之物。我檢狄宛第二期第 I 段祝巫已存此圖。此圖即瓦鉢彩繪「兌巽夾烏丸」圖。此圖存於標本 H379：139 外面，《發掘報告》（上冊）圖一〇一，5。

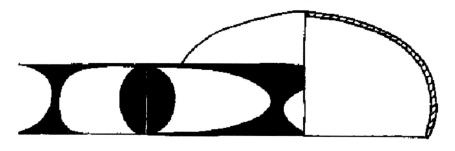

圖七四：宥坐器源於兌巽夾丸圖樣

檢此圖即見尖銳部與非尖銳部，此圖乃宥坐器雛狀。右邊銳而左邊鈍，俱係弧狀。丸行而畫弧，迄一端而返。今猶在當間。此丸乃烏丸，即日。目睹日，目盲。周遭俱烏。夜察日傷目，但目不必盲。晝察日日將盲。由此，知祝巫將晝夜察日照日宿連屬。而此事係辨識狄宛聖畫基礎。

鉢象半天球。察北半天球，但連續不休察日宿所，能見此鉢底面傾斜。故將見此圖樣更加扁平。換言之，此圖可變，非固樣。狄宛系察宿圖與節氣圖多涉此圖。此著暫不展陳系統，後著一門討其模樣與曆義。

宥坐器成於狄宛二期第 I 段，《發掘報告》（上冊）表五六。發掘者曾在不同遺跡起出「葫蘆口尖底瓶」，譬如在營窟 F2、在曆闕 H252（第 118 頁）。前者即標本 F2：14，圖一九九，狄宛第二期，第 I 迄第 III 段俱有此器。發掘者定 F2：14 係第 III 段瓦器。

（2）宥坐器平置地面顯天球黃道耦動之本

狄宛第二期第 I 段無宥坐器之名，推測此器須命「宥燀」或「燀宥」。燀字韻讀已出現，宥字韻讀從「亦烏」。坐韻讀或從爵，或從乍。二讀之乍字源可考，在狄宛第二期某段，半坡、姜寨瓦器勒刻堪覓其證。此題容後考。不論怎樣命器，絕不能名「尖底瓶」。

涉此器用，狄宛祝巫初造此器即知其不便汲水。但仍能在濜河用此器教邑眾知曉日行於軌道面，並迄端點而返轉。此器入水、水進小口，器轉動，但以器耳爲限度。置器之所爲回水或靜水河面。此水面能類比地面。地面類比黃道。故此，日行天球上不見平面，但地面如平面。二者每歲相向、相背。此謂耦向耦去。

瓶身入水而轉動，轉動及半而不再轉。這恰似冬夏各爲日行軌道之端。此外，宥坐器無水則仰身，進水滿則覆。此如日行道南北端而更改其所。倘使器容半，此器能立於水，此乃半，恰象陰陽各半，類比春秋分晝夜得等長。

涉在水用此器，可以推測，祝巫能在靜水立木二根，橫搭木棒，繩掛兩耳，用河水灌注，注半、注滿盡由其念。而此爲能證此器翻轉之能。

將此器平置地面，此器有翻轉傾向。弧面不配平地，不能靜止，故動。動則口或底尖銳處爲圓心，畫弧。此狀猶如日軌道面在天球週旋。依季節而見日軌道遠近。此時並見器某側小或大。上世紀 80 年代末，學者嘗試灌水於此器，見其滿而翻轉，此器自進水恆不得滿。其故俱在祝巫心形、圖寫、造成此器俱依所察日宿日行軌道，以及軌道橢圓，而日能冬夏而及軌端。謀寫此事，故造宥坐瓦器。

3）自側置瓦器便滾以寫日道黃道耦動迄宥坐器入葬闕同功

（1）孤葬闕納瓦器便滾寫記黃赤道耦動

檢狄宛第一期葬闕，納瓦器別爲圓底器、有圈足器、有三足器、深腹罐。諸器以筒狀深腹罐能摹寫平面轉動。而且，深腹罐罐壁係弧狀，能以著地點畫弧而轉。譬如譬如，M15、M207、M211、M212、M307 俱起出筒狀深腹罐。依《發掘報告》（上冊）圖四九，M307 筒狀深腹罐殘片在骨殖東邊，而且罐口部向南偏西。如此，可斷此器曾被側置，非直立以口向上。側置圓壁器於葬闕底面，此器能在平面轉動。由此推斷，祝巫以此器放寫日軌道轉動。

使器顯平面能轉向之念頭乃數瓦器側置，並使軸線相毌連念頭之源。早先放寫日軌道橢圓面局部之器被側置，在第二期則變爲放寫日軌道橢圓面大半，器旋轉度數堪爲佐證。器轉動傾向之限度也甚明顯：譬如孤葬闕 M219 西邊有兩件夾砂罐側置底面，軸線毌穿，罐4西北有鉢平置，緊靠夾砂罐4，致其滾動休止，由於鉢2西邊緣緊靠闕西壁。細頸壺1走向北偏東——南偏西。倘若夾砂罐4、3連而轉動，其圓心須爲此葬闕西南端點 O，而細頸壺1旋轉圓心在器底 O'。其轉動限度有二：與夾砂罐3在 A'敵抗而止；向左旋轉，

止於 B'。子午線即骨笲走向，緯線始於缽 2 過夾砂罐 3 軸線口端，伸向右股骨頭，此謂平極。此線伸向左尺撓骨靠左髖處。平極線即春秋分日照日落線。祝巫背靠日出點，目視春秋分落日點之北。右目透骨管觸及葬闕底西壁 B'。夾砂罐軸線乃日在軌道往返線。細頸壺旋轉角度：自 O'迄 B'旋轉 220°，此乃祝巫察宿度數。此骨管單孔在後世變爲瓦器單孔覆面顱，而頂骨骨笲平面變爲頂骨加圓底缽缽口沿平面。前者之證在江蘇高郵葬闕、後者之證在寶雞北首嶺葬闕。諸器滾動，而黃道面也動，此謂耦動。而缽晃動限度即圓底中央通向口沿軸線與口沿外壁。

此處不見宥坐器，但已檢瓦器旋轉模樣似有耳宥坐器，器轉與地面有交角，此交角耦動，或相向、或相背。而且日軌道面爲橢圓。此曆義後以斜置納骨殖宥坐器與底面交角記述。此又係一大察日觀象進益。

（2）宥坐器並爲納童骨間葬器及隨葬器

間葬謂骨殖與葬闕有間隙，骨殖不置於葬闕底面。間葬骨殖之器曰間葬器。宥坐器堪爲間葬器。狄宛第二期無以宥坐器納骨殖而埋之證。彼時，僅有放置此器於營窟之例，或放置此器於曆闕之例。殘破器也被投擲野外，但無以此器納骨殖而埋之例。狄宛第三期也未見宥坐器用如隨葬器。

在狄宛第四期遺跡，發掘者揭露瓦器間葬闕，間葬器係宥坐器，譬如葬闕 M700 納間葬器。此器出土時微殘，器納一童顱骨片，無耳，即標本 M700：1，《發掘報告》（上冊），圖四三五，5。瓶口方向 320°。鑒定得知，骨殖來自 4～6 歲幼童（第 645 頁）。此葬闕有何狀，不能自《發掘報告》摘取。此外，發掘者未言此器斜置抑或平置。今依狄宛祝巫寫記日軌道之道，可推測 M700：1 斜置。

同期也見宥坐器爲隨葬器，M701（圖四三四）見墓主骨殖被處理。此葬闕被發掘者命爲「亂葬」。其實，此命猶如姜寨遺址發掘者命 M205 爲亂葬一般。骨殖被拆理，或以故處理。其右股骨走向線平行於宥坐器軸線走向。此股骨能與左股骨交角。雙尺撓骨相交於背，能爲某圖樣。而肋骨象天球赤道滾動，而且別大小兩端。脊柱不直象天球赤道彎曲（第 645 頁～第 648 頁）。

於狄宛第二期第 I 段祝巫，宥坐器納嬰童骨殖非未知話題，僅屬須與不須話題。以它器能爲，則不須以嬰童骨殖入宥坐器。但其後嗣流播它域，欲放

寫日橢圓面軌道與黃道耦動而不用 M219 等模樣，故摘 M219 細頸壺 1、夾砂罐 3、4 述黃道赤道耦動之義。而且，代之以一件瓦器，此器即宥坐器。其證在洛陽王灣遺址，此遺址第一期遺跡發掘「小口尖底瓶葬」43 個，依《洛陽王灣遺址發掘簡報》圖二，此間葬器無耳，而且此器微斜放置〔註46〕，不見葬闕。此告黃道、赤道面相交，交角度數甚小。

4. 宥坐器截改二器納嬰童骨間葬同述黃赤道耦動

1）半坡遺址嬰童骨殖間葬闕舊述檢論

（1）舊述遺漏設問

依《西安半坡》，埋甕棺之穴有兩種：一種是圓而深之豎穴；第二種是傾斜淺窪坑。此差異與葬具大小有關。「一般小的甕棺多豎穴，大的多呈傾斜的淺窪坑」。豎穴 49 座，傾斜窪坑 20 座。「圓形豎穴坑一般口大底小，口徑約 60、底徑 30、深在 60 釐米上下。傾斜的淺窪坑，西高東低。這與當時埋葬習俗之頭向有關。」

「這種甕棺葬」「埋在原生黃土中的較少，所以坑穴中多用灰土填塞。」「甕棺葬所用的葬具，以甕爲主，另用盆或缽作甕棺的蓋子。」45 座全存甕棺「葬具組合」「分類」：以甕、缽、小缽組合者 3 座，以甕、盆、小缽組合者 1 座，以甕、缽組合者 30 座，以甕、盆組合者 9 座。另有以大小不等 2 甕 1 缽組合之例，以及以等大甕扣合，殘破處以缽破片遮蔽（《西安半坡》第 211 頁）。

發掘者雖見圓而深豎穴納瓦棺，但未嘗設問，爲何須用瓦棺。也不曾設問，大甕棺爲何斜擱置於穴。發掘者雖推測，「傾斜的淺窪坑西高東低」與當時葬俗之頭向有關，但未設問，彼時究竟有何葬俗。

（2）檢訓

後圖原樣出自《西安半坡》圖一五五，係其第 2 幅，即 W33。檢平面圖，知原甕側置，近乎臥於底面。位於傾斜淺窪內。此淺窪、甕尺寸未知。甕已殘，故原圖僅許可少許檢討。

顱骨似在西偏北。肋骨在北，肢骨順甕壁。甕底似乎在東偏南。其軸線不堪摹寫。甕腹徑長難辨。骨殖或許由於地壓殘破甕壁，致壁下肢骨漏出。

〔註46〕李仰松、嚴文明：《洛陽王灣遺址發掘簡報》，《考古》1961 年第 4 期。

或許係本相。總之，不得依此摹寫骨殖曆義。今沿左肱骨與尺橈骨構贊三角以內甕壁畫赤弧線，先揭示甕殘壁走向，以爲辨識曆義基礎。

朱線弧邊乃甕殘鼓腹部，凸向東北。此甕走向在西北，緯線以北 25°許。設想子午線穿越此甕正中，北端爲天極。西南無甕外廓局部之處與東北弧狀相扣，狀似日橢圓軌道。

依附表九（甕棺葬葬具組合與時代分期表），W33 屬晚期遺跡，甕用 XVII 型 6c，蓋用缽 I 型 1c。

甕 XVII 型 6c 即如標本 P.1321 一般瓦器，唇長，向外傾斜，即《西安半坡》圖一〇七第 5 器。底平而小。大徑在中腹下。體面有繩紋（第 132～133 頁）。

I 型 1c 即《西安半坡》圖八八第 3 器圖。此等瓦缽如標本 P.4653，腹深、壁厚，表面未抹光、素面、較大（第 106 頁）。器深謂天去人遠，時在盛夏後、或初春、春分前後。底似平，側置，使底面向西偏北，看似某軸在西偏北週旋。

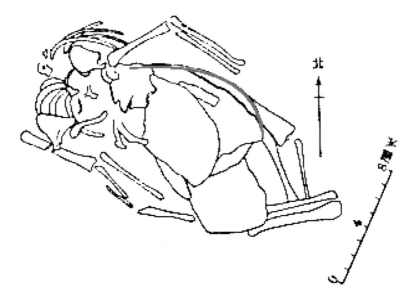

圖七五：半坡 W33 甕壁弧線藏軸線近黃經 180 度

依發掘紀實述器用，今復原舊圖，便於識別當初埋葬者本欲。依復原圖，下肢骨粗壯者弓向甕底東北邊緣。在其上，近乎平行子午線方向細小肢骨上翹，近甕東北壁。南邊近甕壁諸肢骨走向恰合缽——甕近地表一側走向。

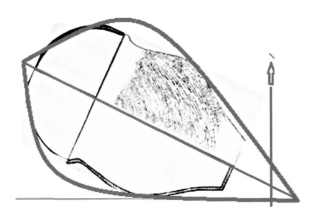

圖七六：半坡 W33 復原及其寫記日軌道面

肋骨等近顱骨殖爲缽包裹。由此推斷，若此甕棺納顱骨，面顱朝向東南，視向東偏南 25 度處。此處乃日軌道自南偏東抬昇後處所。故過甕心及東南之長朱線係赤道線。此線與甕——缽邊緣線平行。由於甕底平面與子午線夾角25°，甕凸出邊覆地，故此時在春分前 25 日，或秋分後 25 日。此甕可兩點著地：缽喻甕扣合處、甕鼓腹處外壁。倘使二點著地，時在春分。

倘使畫橢圓，橢圓之大頭在西北，小頭在東南。扣合部凸出部須拉長，向右下延伸，而橢圓遠近點參差：東南爲遠、西北爲近處。由此又能判定，祝巫在西北查看東南日出，見日軌道面抬昇。依此推斷，祝巫擺放骨殖照顧其西北察東南日出。此所謂近者大而遠者小。

上復原圖告，瓦棺間葬堪以宥坐器，也堪以二器納嬰童骨殖。此二器變爲間葬器，不再係孤在一器，外加一器，此二器表意連屬。其外廓乃宥坐器模樣，雖曾改動，但其述日行於軌道之義，以及日軌道面爲橢圓或橢圓變體之狀未改。由此得知，考古界所言「甕棺葬」本係宥坐器間葬。

2）間葬器流變及間葬闕二效訓釋基礎

（1）宥坐器割二截仍述黃赤道耦動

狄宛第一期 M307 記錄，祝巫以筒狀深腹罐放寫日軌道轉動。M19 脊柱背弧寫記日軌道面係弧狀。關桃園納童骨葬闕 M5 察日照日宿與日行天球。

狄宛第二期：標本 H379：139 外面摹寫日軌道面變動，日軌道能遠能近，此圖係祝巫心形日軌道之與黃道面耦動之證。

此後，葬闕 M219 見此理路之別樣：祝巫以數瓦器位置關係寫記日軌道變動與變闕。此乃宥坐器產生念頭之一。而後，見狄宛第二期宥坐器。而後，

祝巫圖便寫記，割裂此器爲二，後見瓦棺葬闕。諸狀況之源即阿拉斯加上太陽河遺址雙嬰葬闕赭線、藍線摹寫橢圓域。總之，日軌道之心形致狄宛第二期圖形出現，祝巫成宥坐器，而後沿軸線而截斷，得上下二器，以爲嬰童瓦棺間葬器。

依上太陽河遺址雙嬰葬闕曆訓，今得知二事：第一，狄宛祝巫算術堪用於北美洲舊石器遺跡葬闕曆算。舊石器時代有曆術，係確鑿舊事。此處又旁證前著推斷狄宛第一期前有曆術非誣。第二，舊石器時代，祝巫是否知曉黃道耦赤道而動，今無證據。但彼時祝巫未嘗寫記黃、赤道耦動。故無瓦棺或表意相近之它樣葬闕，而僅有嬰骨葬闕。域內瓦棺納嬰兒骨殖曾被視爲置入尸骨腐敗殘留。此係謬說。

（2）體二瓦斜置間葬

瓦棺間葬在半坡遺址已有流變傾向。此流變即間葬闕納一瓦棺，漸次變爲兩瓦棺納於一闕。自此開始，一葬闕納間葬器愈來愈多。納二瓦器構造之間葬器頻被斜置。

在半坡遺址，發掘者曾見 W69、W70 與埋一處，此係間葬器與埋一處之證（《西安半坡》圖版壹捌玖第 2）。二瓦棺斜置。

發掘者述，W232～W237 係一甕棺群（圖版一一一，3），六座甕棺埋在一個近方坑，坑東西長程 1.8、南北寬程 1.56、深程 0.4～0.5 米。六甕俱納「二次葬骨骼」。W232、W233、W234 在西邊，甕口「人骨架頭」向東；W235、W236、W237 在東邊。W235、W236 甕口人頭向西。W237 甕喪佚，約在甕位置有人骨，頭向西。頭骨西邊直立一件淺腹缽，口向東，應係甕棺蓋。除 W234 納嬰骨，其餘甕俱納成人骨（《姜寨》第 190 頁）。

（3）體二瓦豎立間葬

甕爲間葬器，不獨納嬰童骨殖，也納成人骨殖。洪山廟遺址與葬闕 M1 納間葬器甕也納成人骨殖，而且甕數最多。

兩地骨殖放置相似，即骨殖樹立，而非斜置。此係重大變動。其納骨狀貌無根本更改。發掘者述：甕納骨殖非軀幹骨殖，乃軀幹解散後骨殖。甕高程有限，不能容軀幹。入骨殖者先散開軀幹，別骨殖而逐層置骨。當平擺者平擺，當樹立者樹立。最後，置顱骨於上部。肢骨在下，近貼甕壁。洪山廟 M1 甕外壁多見畫作。此異於半坡、姜寨。

如此，訓釋半坡間葬闕、姜寨間葬器與葬闕 W232～W237 之途，須異乎洪山廟 M1 間葬器訓釋之途。訓釋半坡、姜寨間葬闕須照顧間葬器走向，其中軸線與地平，即緯線交角。須照顧骨殖狀貌。葬闕深與模樣，及其邊角與間葬器邊角聯繫乃考證旨的。面對洪山廟 M1，須基於同葬闕曆義，以此爲綱，後關聯 136 件間葬器曆義。

檢討此葬闕 136 件間葬器曆義時，二題須照顧。第一，瓦棺納骨殖樣貌涉祝巫爲曆。第二，外壁彩畫須依構圖基礎含義求索、關聯祝巫曆爲。構圖基礎含義即狄宛以降祝巫放寫天象、星象眾題。畫作訓釋乃後著話題，舊考檢討將見後著，此處不先細檢，而須薦舉骨殖曆訓之途。

下肢骨在下喻行走，肢骨貼甕壁喻弧狀。人腿骨顯條狀、呈直，非如弧狀。腿骨喻行走，行走循弧狀，故在日經天畫弧。人追逐日所，故須依類轉圈。

顱骨在上旁證祝巫以骨殖摹寫察宿。異乎埋骨殖於地，此處立骨殖於甕，使人知曉祝巫站立察宿。察宿者不須站立，固可蹲踞。但站立者能更遠透視。透視乃祝巫久來諳熟之能。彼等依所需調整身姿。查看間葬器納顱之面顱朝向，能檢得任一間葬器述祝巫察宿異乎其它間葬器述察宿。換言之，須先設擬祝巫立於足所在，軀幹樹立而見祝巫立察日宿。此事不獨係樹立間葬器納骨訓釋基礎，也係關聯甕外壁畫與甕納骨殖曆義唯一途徑。此等樹立間葬器曆算基礎係後考算術，即依夏至算曆度，詳後間葬闕 M315 曆算。

三、狄宛葬闕曆志

（一）配圖葬闕曆志與星象

1. 孤葬闕 M217 曆志暨氐宿名源

1）M217 曆訓

（1）發掘者述

依《發掘報告》，M217 係長方形土坑墓，長程 2.3、寬程 0.84、深程 0.2 米，方向 30°。單人仰身直肢葬，骨殖來自 35 歲左右男子。無隨葬器，僅在頭頂有牙質束髮器與骨笄，右側腿部放置一些蚌殼、骨鏃、骨錐等物（圖一八九）。又依《發掘報告》（下冊）附表一○，此葬闕位於 T213 擴方第 4 層下，

骨笄 I 型 1 枚、骨笄 II 型 4 枚、骨「束髮器 2 枚」、穿孔短褶矛蚌 3 枚。發掘者以爲，標本 M217：10 係蚌飾，圖一九八，10（第 282 頁）。此言無曆算依據。

（2）結構與納物曆義

骨殖樣貌：檢 M217 骨殖，見頂骨上有內環傾向骨器兩件。顱底、下頜、顴骨俱在，但面顱喪佚。脊柱完全。肋骨近全，模樣不亂。左右鎖骨俱在，肱骨俱在，尺撓骨俱在。但尺骨撓骨離析，俱成交角。左右撓骨伸向髖骨。右撓骨在髖骨上，左撓骨在髖骨下。腕骨、掌骨搭於髖骨上。骶骨全。股骨、脛骨俱在，腓骨喪佚。跗骨以下喪佚。

骨鏃位於右股骨與髖骨搭接之北，兩枚骨鏃似成交角。骨笄位於骨鏃南。穿孔短褶矛蚌 2 枚位於骶骨之下，不相連接。1 枚似在右邊肋骨末。右肱骨下肋骨上腋窩處似有 3 枚丸狀物。諸丸告 3 星，即行星 5 之 3。

涉此葬闕祝巫頭戴野豬牙飾，前著已訓，此二器合爲一象，即重消息《頤》。祝巫頭戴日行軌道之器。此外，此器乃聖賢子嗣之宣教器，非邑眾任一能得。傳教邑人察尾宿。

（3）原圖補畫朱線顯三行星過氐宿邊緣

畫脊柱線使之伸向東北，再畫右肱骨、尺骨走向，也伸向東北，續畫左肢骨走向線，伸向北邊，三線端交於 P。依此圖，知剖面圖見顱骨非平置底面。若畫左右斜搭尺骨或撓骨走向，此二線將交於穿孔矛蚌 10 正北。

察此三角係北邊 P 以南三角之配。畫褐線二段爲弧線，起於西南，伸向東北，北端尖銳，向南變寬，後又窄去。交於矛蚌 9 西南。此葬闕底骨殖圖顯係日軌道圖。此圖樣乃若干葉狀紋飾基礎，後著將訓其體統。

察頂骨 2 骨器，狀也似日軌道。其狀北無面顱之向上顱狀顛覆：此處見橢圓，其北寬而南窄。此狀與此圖褐線外廓兩端小大狀相反。日在西南端與日在東北端，俱在軌道上。此圖反映，察日者在西南，察東北日宿。

骶骨以下 2 枚矛蚌遠去肋骨下 1 枚矛蚌。三枚丸狀物似與肋骨下矛蚌在一條線上。但骶骨下 2 枚走向一致，及骶骨當間。前考蚌殼鑽孔，能象徵日食。若珠蚌鑽孔，即告日全食，矛蚌鑽孔唯告日偏食。此處見 3 枚矛蚌，能告三番日偏食，但不得須之。2 枚在骶骨下，1 枚在肋骨下。2 枚爲組，不連肋下 1 枚。此謂矛蚌 1 枚在肋。視曆義之在肋，猶如在心腹，在心腹謂在臟

腑，即心知有此。心——官念頭本乎狄宛一期，今又延續。3 丸向西南延伸線過肋下蚌殼。3 丸乃五星之三星聚集之狀，肱下三星連線靠 1 枚蚌殼，但連線在骺骨右邊緣。不似骺骨下直 2 蚌殼。

以骺骨之骺當氐宿之氐，得知祝巫曾察氐宿邊緣日月相逢，晝察見日偏食。是否爲帶食而落或帶食而昇，不詳。但偏食發生於夏至後、秋分前。而股骨脛骨內側 2 枚蚌殼告須旅行而能見日偏食。依此訓得知，彼時狄宛祝巫行遊，而非久居狄宛。如此，考古學之區域考古文化說毫無曆算基礎。

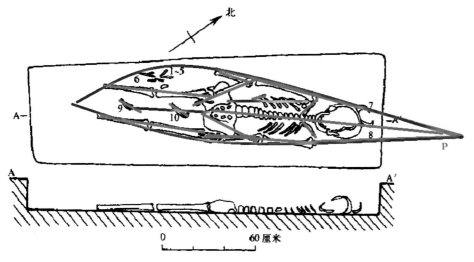

圖七七：葬闕 M217 日照日宿與三星過骺邊

2）行星星宿查看與曆志及氐宿名源

（1）行星查看與日照日宿暨曆志

此葬闕涉祝巫察日照爲日東北出，而日西南落。祝巫近西南而察祝日宿，故西南稍大。西垣、南垣星宿俱在查看域內。日月行道也被查看。行星 3 顆也被查看。此三行星係何星，無佐證，不能定。

葬闕長程度當日：

2.3÷0.33＝6.96

6.96×3.0416＝21

寬程度當日：

0.84÷0.33＝2.5454

2.54×3.0416＝7.7

深程度當日：

$0.2 \div 0.33 = 0.6$

$0.6 \times 3.0416 = 1.84$

小數折算 25 日，計得 55 日或 56 日。

（2）曆志諸日數基於春分

前算諸程度當日數俱須申說。骨架走向 30 度告骨殖位於緯線之北。以骨殖與緯線交角爲變量，此度數乃側動軌道上定線定度。今問：此動向之起點爲何？

我檢此度數本乎黃赤道耦動認知之放寫。如此，澄清祝巫認知黃赤道耦動之途乃申說前提。述日照、辨星宿須基於黃赤道耦動，而後向度明晰。而季節變動堪以黃赤道摹寫。此乃曆術進益之證。

依黃赤道耦動把握四季變遷，其途唯在澄清骨殖樣貌之向度曆義。此題基於祝巫足脛骨——顱骨走向曆義，以及顱骨擺動向度曆義。

檢祝巫生察日宿，立足點即雙脛骨伸向地心交線，此交線甚或堪設想丑穿地心而及目不睹之另一面。面北察宿，顱戴南天。面南察宿，顱戴北天。如此，見顱轉向當察星宿、日照線爲 180°，此度數之變合當冬至迄夏至黃道度數變動。

若察春秋分，骨殖自南右側上旋，自南端動迄正東，旋 90°，爲春分。夏至直北，自北端右側旋降低，後落於緯線東端，此爲秋分。骨殖轉動 270°，迄冬至，黃道轉動 360°。此爲滿度。

自南起算，或自北起算，半週天當 180°。自南往北，迄春分爲 90°；自北往南，日軌道降低，−90°時當秋分。倘若依前著考證，以葬闕爲曆闕，深程涉及秋分日計算，今唯照顧骨殖走向線昇降測算。我察此圖骨殖走向線爲春分後走向，未及夏至。骨殖視走向初始線爲春分，自春分日走向線抬昇度數：

$90° - 30° = 60°$

以黃道度爲璇璣度，復以度數爲日數，行度 60 謂 60 日。骨殖北昇去夏至餘 30 度謂 30 日。此日數即前算葬闕長程、寬程度當日之和，復加平春分 1 日：

$21 + 8 + 1 = 30$

前算葬闕深 56 日出自日軌道變動度數折算日數。此度數須等於 60°。今見其寡於 60°，故在發掘測算誤差。此誤差僅折算 4 日。於迄今考古學及考古測量，此誤差不算大。但於天文學史，此誤差已超容許。

（3）氐宿名源

涉　骨謂氐宿之訓，須補一證。許愼訓：「氐，至也。從氐下箸一。一，地也。」商承祚先生釋甲骨文乃氐羌之氐。但未申其義。唐蘭先生訓此字氏。魯實先先生從唐說。李孝定先生訓此字「象人側立，手有所提挈之形。其初義當爲提」。于省吾先生又訓此字氏（《釋氏・雙劍誃殷契駢枝》）。

檢商先生說不誤。此字「人」本乎夷、尸，前者準乎二分之黃道平赤道。人言夷爲平地，夷謂破損地上構築物，使之平行地面。祝巫言地平乃曆算之平，平二分謂之平。許愼言箸一當地，不謬。李先生言提，則須問提何物。此問無解。

我檢此部不得訓提，也不訓氏。此字似種籽狀模樣乃橢圓之象，此部乃象形之本。橢圓如前訓，乃日行軌道。察日行道須知日軌道面爲橢圓。其證在氒（厥）。此字甲骨文從方有缺口下有「十」（《古文字詁林》第 9 冊，第 931 頁～第 935 頁）。

檢唐韻，此字讀「居月切」。韻讀從月。而氐字韻讀從夷。日月光照，此曰亦。月又通闕，謂豁口，故氒謂有豁口。今問，何物有豁口？檢甲骨文氒，上字爲，此豁口能向左。以上下別日行道，由此而別豁口朝向，即知其豁口向左、向右謂向東、向西。東西者，晝見日月行道也。晝見日月東西行，夜察星宿，五星日月行過氐宿。故氐、氒二字象形義素同源。豁口即有道，反向謂至，即不能行。日月相抵，猶如兩物相磨，此乃日月食之象。而日月食俱在日月行道上。日月行道在氐宿。「十」告天球四端滿度，日軌道在其內。

骶骨告氐宿，故在骶骨名遲，而坐、止之名早有。中國秦漢人臀部著於雙股，骶骨下尾巴骨著地，此即止。甲骨文以足趾之趾爲止，此乃後起義。考古者言狄宛有房址，房址有居住面。察居住面功在祝巫休止，而坐爲冬季休止身姿。雙股疊雙脛，即見坐。若見雙股、雙脛平直，此謂行遊。M217 雙股、雙脛骨平擺，此告須行。而行遊耗日之數未定，不能搭接足骨。

迄今訓祝巫骨殖，罕見雙掌骨。掌骨連手指，多被拆理者解散、匯集而器納，半坡遺址發掘者曾見此例。截取掌骨手指骨，故在祝巫不欲以此骨招致察葬闕曆義者混淆葬闕諸物視曆義。今見此物，須依此二指掌爲旨的，即骶骨係曆義之要。

2. 雍葬闕 M1 曆志

1）M1 曆訓

（1）發掘者述

M1 位於 T3 第 4 層下，係長方形圓角土坑墓，長程 2、寬程 1.2、深程 0.35 米，方向 100°。單人仰身直肢葬，骨殖來自成年男子。其左側排列細頸壺 1 件、夾砂罐 2 件（圖一八八）。剖面圖透視者位於葬闕東北，故在面顱朝向察圖者。

依《發掘報告》（下冊）附表一〇，M1 位於 T3 第 4 層下，長方豎穴，給諸程度唯寬差異：0.8～1.2 米，覆 F5。起出物：細頸壺 III 性 1 件、侈口雙唇罐 BIII 性 1 件、骨笄 II 型 1 件、侈口單唇罐 II 型 1 件。

（2）結構與納物曆義

顱骨似全，面顱之面部偏向西北。頸椎不全。鎖骨喪佚，肋骨不全而無序。頂骨上骨笄似為兩截，且相交。雙上肢靠近髖骨。股骨頭似脫離臼部。股骨與脛骨不連。下肢骨近似平行。脊柱近全，似能伸向下肢骨中線。

顱骨近全，面顱向西北，剖面圖見面顱雙眼眶，故繪圖者透視不搞。右肱骨、尺撓骨在接荏處彎曲，平面圖見面顱目視此處。

骨笄 5 似緯線。細頸壺與兩件夾砂罐一字排列在骨殖左側（南邊），去尺撓骨、骨盆、股骨約 30 釐米。瓦器位於尸骨腰部南。壺 1、夾砂罐 2、3 不貼近。諸器口俱向上，即器口平面平行於地面。此圖視曆義即春分日宿點為查看旨的。目視肱骨尺撓骨曲上之狀或似亢宿。換言之，此葬闕寫記星宿係東垣，含角宿之平道、亢宿。細頸壺即《發掘報告》圖一九五，3。此器腰線以上有均勻銳齒，此狀乃「下六」、「上六」連屬而成，前著已考。依此知細頸壺有曆算義。其口細，故難進水、出水。夾砂罐 2、3 狀相似。

2）星象與曆志

（1）輔畫朱線與星宿

瓦器 3 件口向上，若畫線沿器口，此線平行於地面。地面告黃道線。黃道線與諸器口平行，此告祝巫得春秋分。此斷出自罐、壺下底、上口本平，今平置，告前番秋分既得，今番能平春分。

發掘者言方向 10°，故在葬闕骨殖之脊柱與南肢骨走向在緯線南 10°，加第一象限 90°，故為南 100°。換言之，祝巫察春分前 10 日日宿。左上肢

骨近平行於緯線，視曆義爲春秋分。去頂骨不遠有交叉兩骨竿。此二物不用於丑纏頭髮，以其相交摹寫角宿平道四星，右肱骨與尺橈骨接界彎曲，似模仿某宿。

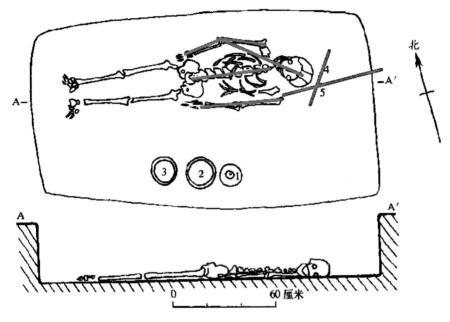

圖七八：葬闕 M1 輔畫朱線及日照日宿圖

此副骨殖雙手、雙足全，擺放者以此言時足或日足。日爲角宿、亢宿堪睹。顱底去脊柱，此謂解。若此人立身，雙足踐地而股骨去髖骨，猶如樹立二桿子，此謂至。依此推斷，祝巫於春分前查看西北星宿。

如此擺佈骨殖係某種雜糅：右上肢骨摹寫星宿，顱骨似能分離，但欲告面向，勉強放置顱骨於脊柱上。髖骨下，股骨迄足骨能樹立，以告時在春分前 10 日。倘使欲告察西北天區星宿，大可擺佈顱骨在東南，骨架沿此走向。今擺放者取二題組合，如此擺放。此顯祝巫雜用交線之力。此力之源係多角度認知天球、黃道、日行。

（2）曆志與申說

葬闕長程度當日：

2÷0.33＝6

6×3.0416＝18.4

寬程度當日：

1.2÷0.33＝3.63

3.63×3.0416＝11

深程度當日：

0.35÷0.33＝1.06

1.06×3.0416＝3.22

小數折合 6.778 日，計得 99 日許。

如前算，葬闕深程、長程、寬程度當日俱涉及骨殖側昇、側降黃道赤道耦動。今申說如後。骨殖方向 100°堪視爲骨殖自冬至出點北昇，或自夏至出點南降。於前者，骨殖平行於緯線爲春分。於後者，骨殖平行於緯線爲秋分。今設擬日軌道面自夏至南降，其度數別二等：第一，自北端而迄南，用時 100日，赤經面降低 100 度。第二，此後，赤經面續降。

前圖見顱骨之面顱走向線寫記赤經面與黃道（緯線）交角小於 35°，大於 30°。其精確參數堪以葬闕長程、寬程度當日求算：

18.4＋11＝29.4

此日數即前算黃道赤道耦動角。前數當日數，此數與之相差僅 2 日許。加平秋分，增一日，曆日與黃道赤道耦動度變一致。誤差本乎測算。

3. 雍葬闕 M216 曆志

1）M216 曆訓

（1）發掘者述

M216 係長方形圓角「豎穴」，坑長程 1.8、寬程 0.8、深程 0.2 米。方向 30°。左側中部開設一放置器物之小坑，長程 0.82、寬程 0.56、深程 0.35 米。骨殖來自男性，25 歲左右。仰身直肢，腰部下骨骼「保存不好」。骨殖左小坑放置紅陶鉢 4 件、夾砂罐 2 件、葫蘆瓶 1 件（圖一八五）。

發掘者言腰部以下骨骼保存「不好」，此言不確。檢《發掘報告》圖一八五，骨殖之左尺撓骨灰化、腰椎灰化、但髖骨上存。股骨尚存。

依《發掘報告》（下冊）附表一○，M216 位於 T213 第 4 層下。起出鉢 AII 型 4 件、葫蘆瓶 II 型 1 件、侈口雙唇罐 CI 型 2 件。雍於 M215。

（2）結構與納物曆義

此骨殖顱骨不全，面顱唯存梨狀孔、上下頜。額骨與面顱茬口喪佚。頂

骨尚存，顱底完整。顱直擺，連頸椎。肋骨散亂。左肱骨對稱右肱骨，擺於肋骨旁。右尺撓骨存，下端及骨盆。兩股骨順長擺放，平行於脊椎。

　　葬闕納器擺放有序：西南端係最大夾砂罐，兩鉢並擺在北邊、續之以並擺兩鉢。北靠內側近骨殖方向樹立葫蘆瓶。其東北邊有小夾砂罐。夾砂罐位於此納器闕南北兩端。依剖面圖，諸器除葫蘆瓶外，俱平置。口沿平面平行於地面。

2）葬闕曆義與曆志申說及察宿天區

（1）輔畫朱線

　　葬闕走向東北——西南，骨架走向一致。顱骨左偏，目視子午線方向，即目視正南方。顧顱骨東北無瓦器，右邊也無瓦器，腿骨下無瓦器，須推斷祝巫擺放骨殖欲凸出西南、正南、骨架以東小龕納器曆義。

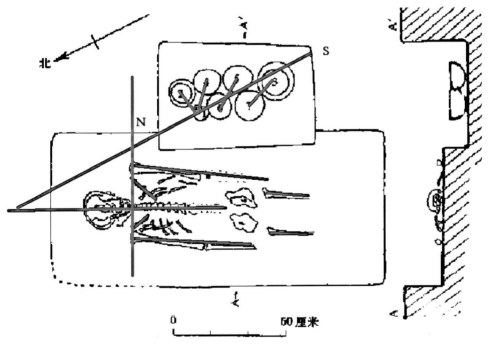

圖七九：葬闕 M216 日照日宿

　　西南乃腿骨指向，此處乃東北日出所照，但顧骨東北無物，故推斷腿骨指向日落點，此處固可為日宿處，但日行於軌道，日軌道軸線端點在西南——東北，故東北也能為日宿點。察正南謀知日落後日在軌道上隨此面擺動而位移，故須察正南。在南偏東得之，故小龕諸器寫記日題。東面見日出點自南抬昇：畫夾砂罐 3 圓心與鉢 7 圓心連線，此線與子午線相交，度數小。後

畫缽 5、缽 6 圓心連線，此線與子午線交角，此角度大於前者。四條朱線自南與子午線夾角：20°、30°、40°、100°。此處見日軌道面昇階。在 40 到 100 間，左右肱骨上端連線伸向子午線，交角 60°。

缽 4 圓心與葫蘆瓶口連線向東延伸在緯線之北。N 謂小龕北端、S 謂南端。顱骨目視天區界限在此。顱骨正北本爲東北。

（2）葬闕與小龕曆志

葬闕長程度當日：

1.8÷0.33＝5.45

5.45×3.0416＝16.59

寬程度當日：

0.8÷0.33＝2.42

2.42×3.0416＝7.37

深程度當日：

0.2÷0.33＝0.606

0.606×3.0416＝1.84

小數折算 25 日，計得 55 日。

小龕長程度當日：

0.82÷0.33＝2.48

2.48×3.0416＝7.55

寬程度當日：

0.56÷0.33＝1.69

1.69×3.0416＝5.16

深程度當日：

0.35÷0.33＝1.06

1.06×3.0416＝3.22

小數折合 6.7 日，即得 98 日。此數異乎前算 55 日。

（3）葬闕配小龕曆志申說

往見葬闕無小龕，今遇小龕並考曆志。此二者有何曆算關聯，迄今未知。此二者與骨殖方位曆日有無聯繫，也未考證。

小龕深程度當日數大於葬闕深程度當日數，前者 98 日、後者 55 日。此

差數本乎黃赤道耦動，而日軌道動向別昇降。昇降度數多，折算日數多。反之亦然。顧小龕深程、葬闕深程乃搭界深程。二者貌似相聯有三等曆義：第一，骨殖走向線如赤道線北昇而旋，側轉起點在南，即位於緯線之南某處。其故：二數之和等於 153 日，此日數當黃道 153°。此線在日直冬至線（正南）之東 27°處。第二，骨殖如赤道線自北而側旋而降，起點在日直夏至線（正北）之東 27°，自此線其日冬至，日行度 153。第三，葬闕深程與小龕深程一述日軌道昇，一述日軌道降。今依曆日與曆度檢算。設三算術。

其一，骨殖方向 30 度謂夏至後骨殖側降，去秋分日：

$$90°－30°＝60°$$

以度數當璇璣歲或黃道歲數，末數謂 60 日。葬闕深程度當日與此數差 5 日。二數難為一致。

其二，以骨殖方向 30°謂春分後日軌道線側昇，日昇線起算點在春分線。日行 60°及此處。60°之數仍不合葬闕深程或小龕深程度當日數。

其三，以日冬至為起算點，今得正南側旋而上，迄夏至當得 180°。而今視曆義即夏至前 30°。以葬闕、小龕深程度當日測算，二數和計得 153 日，當此數為度數即見其去夏至日數：

$$180°－153°＝27°$$

此數字去骨殖方位角虧欠 3 度。若將此度數視為赤經度數，非黃道度數，但前照顧黃道度數，如此，須補足黃道度數虧欠。依前考黃道半歲增 2.5 日折合回歸年半歲。給 27°加 2.5°，即得精確度數。

$$27°＋2.5°＝29.5°$$

此度數約等於骨殖方位度數。此度數今係赤經度數，非黃道度數。今驗證，唯第三算術通行。依此檢驗，骨殖面顧雙眼眶視線之端係冬至日，而顧骨側旋之的係夏至。此二參數乃擺佈骨殖之祝巫貴重之端的。端的乃思向之表徵。我固不見祝巫動手擺佈骨殖，但骨殖擺佈後此等端的反映祝巫思向。

此算術未照顧葬闕、小龕長程、寬程度當日。此二數相加得 36.67。此數字大於前算虧 29.5 度當日數。若準乎葬闕、小龕深程，此葬闕或其小龕之長程或寬程四參數之一有誤差。

於冬季察北垣星宿，夏季察南垣星宿。日昇降於冬至、夏至天區，察得東西天區。此南天區即知南垣星宿。

4. M219 曆志

1）M219 曆訓

（1）發掘者述

依《發掘報告》（上冊），M219 長方豎穴。「由於左側小坑較小，故在坑西南角處斜向擴出一部分放置剩餘器物。」坑長程 1.84、寬程 0.9～1.14、深程 0.3 米。小龕長程 0.6、寬程 0.4、深程 0.35 米，方向 40°。骨殖來自 45 歲男子，仰身直肢。骨架保存較好。墓納陶器 8 件，小龕內 4 件，西南部 4 件。其中紅陶缽 4 件，夾砂罐 3 件、細頸壺 1 件。顱側有骨笄 1 件，腳下放置豕下頜骨 1 塊此葬闕無剖面圖（圖一八六）。另有骨管近面顱梨狀孔。此物即此書圖一九八，9。依此圖，葬闕西南被 H249 雍。

依《發掘報告》（下冊）附表一〇，M219 位於 T213 第 4 層下，雍 M222，覆 H251。案，側坑寬被並計。檢附表七，H249 位於 T212、T213 第 4 層下。此曆闕係橢圓穴，起出研磨盤。二遺跡局部位於一地，葬闕 M219 壙被 H249 雍。

（2）結構與納物曆義關聯

檢原圖，葬闕走向東北——西南，骨殖走向一致。左小龕走向東南——西北，與子午線交 140°。骨殖之額骨與頂骨全，頂骨斜搭骨笄，面顱傾向西北。骨笄當子午線，非用於丱髮。顱底有無頸椎不清。肋骨雖向北爲半環，但左右肋骨不對稱，左肋骨有納尺橈骨之狀。左肱骨可見、右肱骨不見。左右尺橈骨搭接髖骨，狀似下垂。髖骨全。內有骶骨。骶骨上有腰椎。股骨、脛骨、腓骨全。跗骨等不全。左脛骨下有斜置豕下頜骨 1 枚。

上下頜搭接前有骨管 1 枚。若畫朱線，過骨管、右眼眶及葬闕西直邊與細頸壺底 O'與葬闕邊連線。此點爲細頸壺左轉之極。梨狀孔、左眶連線及子午線與頂骨交點。倘若畫直線左龕二器，縱橫相交，得四分圓周。此狀告瓦缽翻轉不異於日照線軌道變動。4 件瓦器口向上，口沿畫線似能平行於地面。

此骨殖股骨頭西南方有兩件側置夾砂罐。口沿走向傾斜，但陶缽 2 口向上。細頸壺口沿靠近夾砂罐 3，丱此壺中線走向北偏東——南偏西。在壺口沿畫線，此線走向西北——東南。若丱通夾砂罐 3、4 中線畫朱線 O、Z，此線恰靠細頸壺東邊緣，而且此線向東北延伸，緊貼右髖骨外邊，緊貼腰椎右邊，以及左鎖骨與左肱骨接茬處。

檢葬闕左右納器龕，即見兩處瓦器表義參差。發掘者講「由於左側小坑

較小，故在坑西南角處斜向擴出一部分放置剩餘器物。」此言絕非原故，而係無端猜測。

（3）輔畫數線

圖有藍線、藍灰線、朱線，諸線爲正線。另有細線褐色，爲輔線，圖面不容近端處標誌 A'，故在邊緣外加之。

藍線：子午線。藍灰線：日行軌道局部。E——E'告春秋分赤道面、黃道面平行，猶如兩腿髖骨、腓骨等高。夾砂罐 6 與鉢口沿面平行。平行即與葬闕口平面、葬闕底面平行。此線段僅有象徵義，僅象徵日照面在東西兩端平行於黃道面，此圖本無剖面模樣，故須覓得此線爲說。此線不參與度數驗算。

測算骨殖左側小龜走向與子午線交角等於 130°，非 40°。右下角弧邊上斜線與緯線交角 40°。骨架走向與子午線交 35° 角。

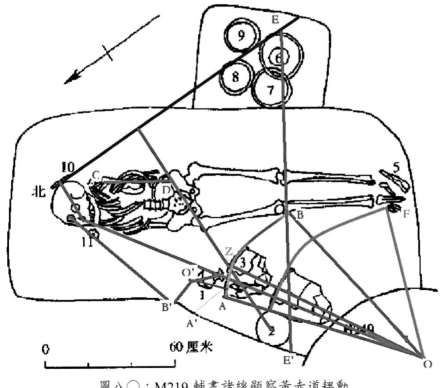

圖八〇：M219 輔畫諸線顯察黃赤道耦動

以 O 爲圓心，圓邊偏轉而爲弧邊，故爲 A——B 弧線，此弧線走向同雍遺跡 H249 弧邊走向。此告 H249 橢圓曆闕邊線乃日軌道面，故在日宿於 O。又即，H249、M219 與有日宿點。此圖今告，橢圓曆闕之橢圓邊若非全而告紫

微垣，須告日軌道面，若其底不平，即告底面與口沿面相交，而見赤道、黃道面相交。H249 底有臺階，此臺階面是否平行於地面，今不知。

輔褐細線告 A'乃細頸壺口沿右旋極端，後可返。C——D 線告肱骨與尺撓骨下端爲緯線，此線與緯線交 120°角，當此線在緯線以東 60°，即自北極察有 30°角。故此線當夏至日東北出之日照線。

藍線過陶缽 8、9，夾砂罐 6 之間，係子午線，當日行南北極。夾砂罐 6 即日行軌道南端，北爲北天極，日在此即冬至。夾砂罐之罐即爟事得器曰罐，當大火星南直日宿。以此骨殖爲祝巫骨殖，其頂骨直冬至，目視冬至日落南偏西，後見日出點點，即日宿處。

缽 2 平置於夾砂罐 4 西北，二器緊靠。缽 2 西邊緣緊靠闕西壁，致夾砂罐 4 左旋受阻，但其右旋尚能轉迄 F，轉動 60°，彼處有足骨。夾砂罐 3 右旋迄 B 而止，如灰線標誌，旋轉 35°許。此二夾砂罐右旋角度等於 95°，當日在天球行度，合 3 個月餘。祝巫放置此二器，節用葬闕底面，堪謂匠心獨運。細頸壺 1 走向北偏東——南偏西。夾砂罐 4、3 連而轉動，其圓心須爲此葬闕西南端點 O，細頸壺 1 轉動軸心在器底 O'。

其轉動限度有二：與夾砂罐 3 在 A'敵抗而止；向左旋轉，止於 B'。子午線即骨笄走向，緯線始於缽 2 圓心，過夾砂罐 3 口端，在軸線上，伸向右股骨頭，此謂平極。此線伸向左尺撓骨靠左髖處。平極線即春秋分晨昏日照日落線。祝巫背靠日出點，目視春秋分落日點之北。右目透骨管觸及葬闕底西壁 B'。夾砂罐軸線乃日在軌道往返線。

細頸壺 1 旋轉角度：自 O'迄 B'旋轉 220°，此乃祝巫察宿度數。此骨管單孔在後世變爲瓦器單孔覆面顱，而頂骨骨笄平面變爲頂骨加圓底缽缽口沿平面。前者之證在江蘇高郵葬闕、後者之證在寶雞北首嶺葬闕。諸器滾動，而黃道面也動，此謂耦動。而缽晃動限度即圓底中央通向口沿軸線迄口沿外壁著地。

2）黃赤道耦動比度與曆志申說

（1）日照日宿與垣屬

前言此葬闕納器寫記黃道與赤道耦向耦去，交角變動，迄極大而回還。今檢圖一八六缽 2，以顯祝巫寫記黃道最大晃動度數。

依此書附表一〇，葬闕納缽 AII 型 1 件。《發掘報告》（上冊）記此物即標

本 M219：2。此物素面，口徑程 14.5、高程 5.5 釐米。此鉢口沿微內收，縱向似見口沿平行於垂線。今依圖一九三，5 為樣板，畫其圖樣，並加畫朱線，線其左右晃動幅度。

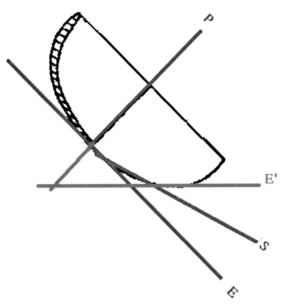

圖八一：M219 鉢 2 側傾見黃道直角耦動閾

鉢今位置等於 0°，即平行於地面，其底面雖有弧線，但能稍止，故 E 謂地平。待其右晃，檢鉢右晃初 15°，但能續晃向右，致初地平 E 後為 E'，見黃道右晃 45 度。右邊再傾 45°，原指北極直線將改為 E"，此謂黃道變動 90°。但此時段見赤道變動度數等於夾砂罐 3、4 右旋行度疊加，約 95°。依此鉢翻轉模樣，知黃道度數計 360°，但赤經面變動度數滿度大於 360°。依狄宛一期曆算得知，赤經面變動 365°。換言之，赤道、黃道面耦動依 365：360 之率。其準度位於春分線。

涉祝巫察宿，此葬闕線祝巫察西垣諸宿。但察日宿之域能向左拓展迄南垣，向右察天球即能拓展迄北垣。此外，細頸壺 1 自 O'迄 B'旋轉 220°，包括北垣、東垣、南垣局部。如此，祝巫察宿遍及 360°。

（2）葬闕曆志與小龕曆志

葬闕長程度當日：

1.84÷0.33＝5.57

5.57×3.0416＝16.95

寬程度當日之一：

0.9÷0.33＝2.72

2.72×3.0416＝8.29

寬程度當日之二：

1.14÷0.33＝3.45

3.45×3.0416＝10.5

深程度當日：

0.3÷0.33＝0.9

0.9×3.0416＝2.765

小數折算：

0.765×30＝22.95

計得 2 個月又 23 日，合 83 日或 84 日。

小龕長程度當日：

0.6÷0.33＝1.81

1.81×3.0416＝5.53

寬程度當日：

0.4÷0.33＝1.21

1.21×3.0416＝3.68

深程度當日：

0.35÷0.33＝1.06

1.06×3.0416＝3.22

小數折算 6.6 日，計得 98 日。

（3）曆志申說暨黃赤道耦動度差

發掘者述此葬闕方向準乎頭直、骨殖直擺，故言頭向或墓向 40°。彼等未嘗照顧顱骨朝向。今須依諸程度當日申說此葬闕含黃道赤道耦動曆義。

骨殖顱骨——骨架一線去夏至日位置 40 度。但問，骨殖此位本乎昇，抑或本乎降？若本乎昇，起點須照顧。而且未嘗側旋昇迄北端。若本乎降，自夏至日而降，剩餘多少度將及秋分，乃至冬至？

設：骨殖視位置本乎冬至後側旋昇迄此處。迄此處用度：

$$180° - 40° = 140°$$

若以黃道昇 1 度當 1 日，黃道軌昇 140° 折合 140 日。檢葬闕諸程度當日、小龕諸程度當日，以及其和，俱不匹配此數。

設骨殖視位置出自祝巫擺佈夏至後黃赤道交角，而查看黃赤道耦動起點乃冬至日，故夏至迄秋分黃道將行：

$$90° - 40° = 50°$$

自冬至起算，黃道昇降度數別二段。自冬至迄夏至側旋而昇 180 度，自此而迄秋分：

$$180° + 90° = 270°$$

今對照葬闕、小龕諸程度當日，而先顧葬闕寬程度當日閾值之一，不取二數之均數：

葬闕深程度當 84 日、長程度當 16.95 日、寬程度當 8.29 日；小龕深程度當 98 日、長程度當 5.53 日、寬程度當 3.68 日。

葬闕諸程度當日：109.24

小龕諸程度當日：107.21

此二參數相加得 216.25

以此數為度數，此線去秋分線：

$$270° - 216.25° = 53.75°$$

此度數大於骨殖視方位度數：

$$53.75° - 40° = 13.75°$$

檢前未取葬闕寬程度當日大閾值，今取此數以為度數，對照二數：

$$13.75° - 10.5° = 3.25°$$

剩餘 3.25° 堪視為前番春分未平，今番秋分未平，於黃道度數配赤經變動之闕，二數相差 2.5 日，毛算 3 日。0.25 日係回歸年長 365 日外日數小數，約當 0.2422 日。此葬闕發掘、測算甚塙，堪為模範。

黃道 360 度、赤經 365 度參差明晰，前圖見面顧雙目視域包含度數差。其表述途徑：缽 2 在春秋分線上，乃檢視回歸年、黃道面參差之器。

（4）雍覆曆援

依圖一八六，M219 西南角雍於曆闕 H249，此曆闕雍援 M219 曆算。今見 M219 曆志

葬闕長程度當日：

1.84÷0.33＝5.57

5.57×3.0416＝16.95

寬程度當日之一：

0.9÷0.33＝2.72

2.72×3.0416＝8.29

寬程度當日之二：

1.14÷0.33＝3.45

3.45×3.0416＝10.5

深程度當日：

0.3÷0.33＝0.9

0.9×3.0416＝2.765

小數折算：

0.765×30＝22.95

計得 2 個月又 23 日，合 83 日或 84 日。

小龕長程度當日：

0.6÷0.33＝1.81

1.81×3.0416＝5.53

寬程度當日：

0.4÷0.33＝1.21

1.21×3.0416＝3.68

深程度當日：

0.35÷0.33＝1.06

1.06×3.0416＝3.22

小數折算 6.6 日，計得 98 日

5. M222 雍於 M216 與覆 M219 曆志

1）M222 曆志

（1）發掘者述

依《發掘報告》（上冊），M222 係較早埋骨遺跡，被同期 M215、M219「疊壓或打破」。坑長方形，長程 1.84、寬程 0.78、深程 0.3 米。方向 10°。東側向外挖一長方形小坑，長程 0.9、寬程 0.6、深程 0.3 米。骨骼凌亂堆放於墓坑

中部。初鑒定此骨殖出自成年男子。小坑放置 6 物：細頸壺 1 件、彩陶缽 3 件、夾砂罐 2 件（圖一八七）。

依《發掘報告》（下冊）附表一〇，M222 位於 T213 第 4 層下，起出缽 AI 型 3 件、細頸壺 I 型 1 件、侈口單唇罐 I 型 1 件、骨笄 I 型 3 件（殘 1）、瓦束髮器 1 件（殘）、豕下頜骨 1 塊，覆於 M219，雍於 M216。

（2）結構與納物曆義

檢此葬闕骨殖難辨骨骼，僅能見肢骨若干，骶骨、髖骨。西南片狀有孔骨殖似非顱骨。未見脊椎椎體。兩根較長肢骨似能以朱線關聯，見其交角，若察小肢骨，也見交角，若畫肢骨延伸線，諸線互擾，其義難辨。骨笄 3 枚之 2 枚平行，其一延長線能與另 2 枚延長線相交。但三物甚短，由此推斷祝巫擺此三物不擬交線。

圖一八七見葬闕納物之瓦器堪以線段辨識祝巫前陳曆義，而祝巫前陳骨殖曆義難辨。諸骨殖係我迄今僅見難訓骨殖前陳。今先別瓦器前陳曆義。

瓦缽 1、與疊置瓦缽 5、6 南北相聯，口向上平行於地面。北邊瓦缽口大，南瓦缽口小。三器圓心連線貫通無阻，此告祝巫前陳曆義係視曆義，而非瓦器底側傾曆義。北器大，此謂近者大。北近南遠。以瓦缽口圓告日，日北故近，時在夏至。待日南遷，近南端，日在軌道南端，瓦缽小。而且，此義被細頸壺重申，此壺底連瓦缽 1。

（3）原圖輔畫朱線與赤點

此圖畫朱線別二域：東、西。東域朱線除一條朱線述緯線 W 外，俱涉及瓦器曆義辨識。

東域自南向北：O 及 O'即瓦缽 1 與瓦缽 5、6 圓心連線。南為日宿處，而冬至屬焉。圓物寫日，日遠故小。及日北遷，為夏至。日近，故大。非夏至而何？日出點自南向北遷移。

細頸壺底搭接缽 1 邊緣，而細頸壺能以底轉。左右轉俱可。此器自南初轉，端點為 E。繼續左傳，迄 E'為端。轉動區域大 240°。此轉動域即日軌道面 360°之 240°。祝巫察宿度數小於或等於此度數。G 線告小龕走向線，度數 100°，即子午線南 10°。W 朱線告緯線，垂直於子午線。此處，細頸壺係要器。細頸壺即標本 M222：2，圖一九五，1。此器上腰有射線束扭擺，使人聯想射線源有轉動之義。此射線源即日。

自 O'畫朱線，及 M219 邊線之一，續之以藍線，迄西南藍色圓點。再沿葬闕西邊線向西南延伸，及此藍色圓點。此藍圓點大抵為 M222 西南邊角。檢《發掘報告》（下冊）附表一（遺跡檢索表），H251 係「空號」，即名下無遺跡之編碼。推測此處本須是 M216。檢 M222、M216 俱在 T213 第 4 層下。

發掘者言方向 10°唯告南北走向條狀葬闕與子午線交角。涉此葬闕瓦器側傾曆義，有二題須理：第一，小龕瓦器側傾曆義。第二，眾骨殖別等之視曆義與諸等曆義聯繫。在缽 5、6 與缽 1 圓心線上，缽 5、6 擬能右側覆，但須有位置。若罐 3、4 右旋，缽 1 東北細頸壺右旋或左旋而及小龕南壁，缽 5、6 能側覆。此事即見缽側傾曆義：倘使此二器側 90°，謂黃道變動 90°，倘使此二器覆，即見黃道變動 180°。原夏季今變為冬季。諸器旋轉即赤道變動，此線變動耦動黃道。罐 3 軸線告日出點在東北，此線與子午線成 50°角，在春分後 40 日。

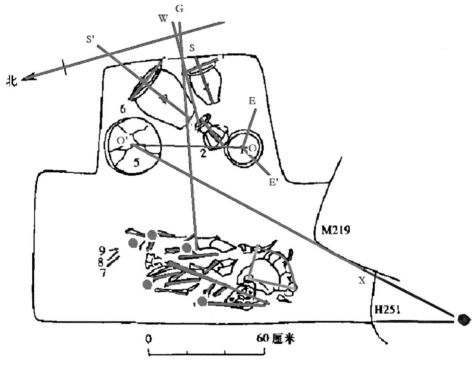

圖八二：葬闕 M222 朱線赤點與器曆義

2）星象與曆志

（1）日照與日宿垣屬

前考瓦器側傾曆義涉及祝巫察宿在天區。檢星宿垣屬：南垣、東垣、北

垣。祝巫前陳骨殖之效別三等，雜用三等致其義難辨。第一，赤色圓點。第二，弧線。第三赤直線。赤色圓點寫記日爲照射點。日光發散，三物受光，或二物受光，受光者俱位於赤圓點周圍。發散光設想西南、東南。續向北見赤圓點，發散光也如此，但射線方向微變。最北見骨笲東南有赤圓點，日光向西北發散。此赤圓點正南赤圓點發散三股光線，射向三截肢骨。其西南又檢赤圓點，散光向三件短骨。

　　五圓點之近較長肢骨二圓點即春秋分日出日落點。此二點近似平行於緯線 W。東北見另外二圓點乃日行更北，迄北端之狀。正北圓點即日昏落而宿處。北邊兩圓點寫記夏至日出、日落。弧線乃日自夜宿處向晨出點東遷之狀。扇面兩邊橙色連線寫記祝巫自某孔察弧邊。此弧邊之端即股骨頭，有捩髖之義。幼童在地，跨腿爲度，跨腿即股骨爲兩線著地。兩線之端爲一點。此圖象之。

　　赤直線別長肢骨，短肢骨。此二肢骨在葬闕西交於南偏西。交角大於 20°，小於 23°。此度數即日夏至照射北回歸線之所。誃出東北，射向西南，但日落點在西北。長肢骨兩端指向能告此義。祝巫繪圓點也係天文畫基礎，後著檢此題時再述。

　　（2）曆志申說

此遺跡曆算別二題：葬闕曆算、小龕曆算。葬闕曆算三程度。

長程度當日：

$1.84 \div 0.33 = 5.57$

$5.57 \times 3.0416 = 16.95$

寬程度當日：

$0.78 \div 0.33 = 2.36$

$2.36 \times 3.0416 = 7.18$

深程度當日：

$0.3 \div 0.33 = 0.909$

$0.909 \times 3.0416 = 2.76$

小數折合 23 日，計得 84 日。

小龕長程度當日：

$0.9 \div 0.33 = 2.72$

$2.72 \times 3.0416 = 8$

寬程度當日：

0.6÷0.33＝1.81

1.81×3.0416＝5.53

深程度當日如前，合 83 日或 84 日。

（3）曆志與黃赤道耦動

發掘者言方向 10°即葬闕朝向與子午線夾角。今依此線爲骨殖走向綱線，須測算曆志細節。兩組參數：

葬闕長程度當日 16.95、寬程度當日 7.18、深程度當日 84 日；

小龕長程度當日 8、寬程度當日 5.53、深程度當日 84。

今難別顱骨，又不能定下肢骨朝向，故須依參數求算黃道 180 度起算點。葬闕與小龕深程度當日之和等於 168 日。推測續算二數起於春分日，算迄日爲秋分日。起於春分迄夏至用 90°，再行迄秋分用 90°，計得 180°。葬闕視方向爲 10°。

今設，此 10 度爲春分後、夏至前日軌道面耦黃道度數，日軌道迄此唯行：

90°－10°＝80°

此數不合葬闕與小龕深程度當日。葬闕、小龕長程、寬程度當日數也不合此度數。

重設葬闕、小龕深程度當日之和爲日軌道耦黃道度數，得 168°。自春分迄夏至、復降於秋分前某線：

180°－168°＝12°

此數含 10 度，餘 2 度當黃道每變 180 度，須補 2 日餘，以爲眞實日數。

前算含一問題：葬闕、小龕長程度當日尚未入算。此二數和：

16.95＋8＝24.95

此數堪折算黃道變動度數，得 24.95°。

依前圖，可設擬，此度數出自 W 線之南 15°，即初日軌道處在春分線之前 15°處。

6. 間葬闕曆志

1）M213 曆志

（1）模樣與納物

涉間葬闕之甕棺間葬，《發掘報告》述：「甕棺葬基本沒有墓坑，多是將

甕棺豎向放置，甕（罐）上扣一盆、缽爲葬具，且盆、缽的底部多見有一小孔」（第 268 頁）。「甕棺葬以甕（罐）、盆、缽爲葬具，出土時葬具多傾斜（第271 頁）」。

《甘肅秦安縣大地灣遺址仰韶文化早期聚落發掘簡報》述：「甕棺葬基本沒有墓坑，多將甕棺豎向放置，甕（罐）上扣一缽，缽的底部都有一小孔，出土時葬具多傾斜（《考古》2003 年第 6 期，第 30 頁）。」兩處同言「多將甕棺豎向放置」，又同講「出土時葬具多傾斜」。此二義相敵。平面與剖面圖旁證，此等間葬闕最初納斜置間葬器，而非納豎立間葬器。甕、平底罐俱堪豎立，如日每所見。但古祝巫不須如此。

依《發掘報告》（上冊）述判斷，M213 間葬器由夾砂大甕 1 件與扣覆寬帶圓底缽 1 件構造。「南向傾斜」，上部被破壞，內置 1 件紅陶盂，存部分兒童骨骼（圖一九二）。M315、M316 納骨器、埋葬模樣似此間葬闕。依其下冊附表一〇，M213 位於 T200、T213 第 3 層下，範圍不清，間葬器納骨殖本乎 2 歲童，較完整，出土盂 II 型 1 件，甕 IV 型 1 件，覆於 F243。

上太陽河遺址雙嬰葬闕赭線外廓西邊弧凸，東邊弧線內收。M213 西南——東北走向近直，但東南弧凸，似梨狀。甕邊緣去葬闕邊緣 10～30 釐米。甕側置。但底面接界不清，發掘者未配剖面圖。僅據現圖可斷，甕口沿與葬闕底面接界。甕與缽軸線與地平有交角。

扣覆陶缽已殘，樣貌不清。但甕底陶盂緊靠甕下部凹弧壁。甕底在東北。發掘者講「南向側傾」須視爲甕口沿部著地，甕口向西南，缽本來覆於甕口。側傾角度或許近似 M302 甕與缽軸線側傾角。設想葬闕圈爲天球圈，察日照、日宿在黃道上。黃道在滾動，而且依圖向右滾動。過甕底東北邊緣直線最長，唯能向右轉動。故今推斷，黃道向右轉。如此，天球耦二向左轉。唯有此理導致祝巫挖掘此間葬闕，放置間葬器如此模樣。如此，輔畫原圖朱線模樣異於其他間葬闕。

（2）原圖輔畫朱線

顧《發掘報告》此間葬闕圖具子午線不便輔畫線段，今自《甘肅秦安縣大地灣遺址仰韶文化早期聚落發掘簡報》（《考古》2003 年第 6 期）摘取原圖，爲輔畫基礎。

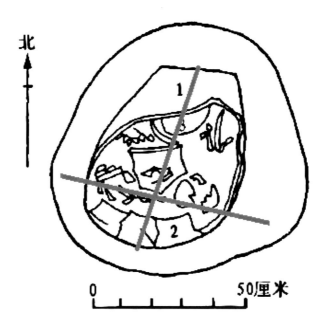

圖八三：間葬闕 M213 輔畫朱線與黃道赤道耦動

（3）間葬器度當日與黃赤道耦變閾

間葬闕 M213 納骨甕即《發掘報告》（上冊）圖一九七，4，標本 M213：1，口徑程 47.4、底徑程 16.2、高程 53.3 釐米。依平面圖，此甕殘缺處有缽。此間葬闕覆甕瓦缽程度不詳，附表一〇也未舉此器，檢諸《發掘報告》（上冊），未見舉述。陶盂標本 M213：2，口徑程 13.6、高程 8.4 釐米，圖一九三，8。

前考此間葬器二件本乎宥坐器二截。今欲得間葬器曆義，須加算二器高，以為總高程，後將器高視為曆日變數。對照二數，見曆日變閾。

二器高 61.7 釐米，其度當日：

$0.617 \div 0.33 = 1.8696$

$1.8698 \times 3.0416 = 5.6868$

$0.6868 \times 30 = 20.6$

此數折合 174 日許。其最大數乃 180 日。

今側置二器，須準乎甕腰徑測算曆志。檢《發掘報告》圖一九七比例尺，為 3.5：24，即 3.5 釐米當 24 釐米。度得第 4 器腰徑 7 釐米，折算 48 釐米。

$0.48 \div 0.33 = 1.45$

$1.45 \times 3.0416 = 4.42$

此數即 4 個月又 13 日，折合 135 日。

二數變闋即黃赤道耦動日數：

$174° - 135° = 39°$

黃赤道耦動日闋 39 日，即一個月又 8 日。依前圖，得知變闋起點爲夏至前 39 日，變闋迄夏至日。

2）M302 曆志

（1）模樣與納物

M302 係間葬闋，由夾砂甕 1 件與寬沿圓底盆 1 件構造，西北向傾斜，甕內童骨大部尚存，《發掘報告》圖一九一。間葬闋 M302 用甕即標本 M302：2，圖一九七，3，此器口徑程 35.7、底徑程 11、高程 44.9 釐米。M302 起出寬沿圓底盆，圖一九四，3，標本 M302：1，口徑程 39.4、高程 12.5 釐米。

依《發掘報告》（下冊）附表一〇，M302 位於 T306T、303 第 4 層下，長方豎穴，長 1.25、寬 0.8、深 0.5 米，起出寬沿盆 1 件、甕 I 型 1 件。

（2）原圖輔畫朱線

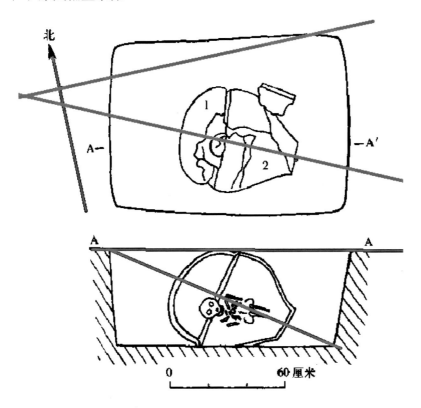

圖八四：間葬闋 M302 輔畫朱線與黃道赤道耦動

檢此圖，見圜底盆口覆甕口完全，剖面圖出自南透視，骨殖之面顧向南，額骨完全。殘骨架走向同盆——甕軸線走向。上下肢骨平行軸線。若自扣覆處畫朱線，此線與軸線相交。甕口沿部著地。此乃地平，當緯線。甕、盆兩端去葬闕東西兩端 20～30 釐米。葬闕東西兩邊與闕底成梯形。此二線乃赤經線，若沿東西兩邊畫延長線，此線在地中相遠處交成，此告日赤經度變。

平面圖子午線清白，加畫朱線兩條，一為緯線，一為軸線，兩線相交即間葬器軸線去都平面度數，此度數涉春分或秋分日數。剖面圖有間葬器軸線與地平交點。此度數乃春分前赤經與黃道夾角。

（3）間葬器見黃赤道抑揚耦動暨器底與扣縫二分朝向

此間葬闕有二個變閾。第一，葬闕深度當日數之變閾。第二，間葬器總高變閾。第三，器傾斜後高程度當日。第三變閾反映祝巫入間葬器之日與變閾閾值日數差。

長度當日：

1.25÷0.33＝3.78

3.78×3.0416＝11.5

寬度當日：

0.8÷0.33＝2.4242

2.4242×3.0416＝7.37

深度當日：

0.5÷0.33＝1.51

1.51×3.0416＝4.608

小數折算 18 日，故總數等於 122 加 18 日，即 140 日。此日數即葬闕容納變閾最大日數。

間葬器二件總高：

44.9＋12.5＝57.4

此數度當日：

0.574÷0.33＝1.739

1.739×3.0416＝5.29

小數折算 8.7 日，計得日數 161 日。此數固大於葬闕深度當日，起算日係前番秋分日。

又須檢側斜間葬器高度當日。本圖一九一比例尺為 4：60，即每 4 釐米合

60 釐米，測 M302 間葬器最高等於 3.5 釐米，間葬器高 52.5 釐米。斜置二器總高度當日：

0.525÷0.33＝1.59

1.59×3.0416＝4.836

小數折算 25 日，計得日數 147 日。

此數較之間葬器斜置高程度當日數 161 日寡 14 日，又大於葬闕深度當日 140 日 7 日。此日數差本乎葬闕寬程度當日數。寬頭堪爲間葬器軸線平行於底面之抬昇空間。今知其抬昇度數等於 7°，合 7 日。若加葬闕長程度當日 12 於 148 日，得日數爲 160 日。此數約等於間葬器高程度當日。

依此檢討，間葬器之底（扣縫）若平行於葬闕底面，見春秋分平。每 180 日唯見圓底器之圓底向日，即自春分迄夏至，用日 90。自夏至再側旋而降迄應日出，復用日 90。如此，在葬闕底畫線，爲間葬器軸線，此軸線交地平 23° 許。此日數乃春分前日數。換言之，往歲秋分見間葬器圓底盆（鉢）向東方日出點。自彼時迄今，已歷 160 日。此刻，再過 23 日，及春分。此二日數相差 3 日，此數本乎黃道、赤道耦動度差率，黃道動 180°，匹配赤道東 182.5°。如此，平面、剖面圖畫朱線得度數相等。

（二）無圖葬闕曆志

1. 孤葬闕曆志

1）M204 曆志

（1）頭向曆義

依附表一〇，M204 位於 T210 第 3 層下，長方豎穴，長程 1.18、寬程 0.7、深程 0.2 米，擾亂，頭向 120°，葬闕見少量骨骼，出土鉢 AIII 型 4 件、圓底罐 1 件、侈口雙唇罐 BII 型 1 件、帶蓋罐 A 型 1 件（蓋喪佚）、A 型 3 件、B 型 1 件、「陶彈丸」1 件（殘）。發掘者言「頭向」120°，謂葬闕走向 120°。

（2）輔畫朱線模察日照日宿

頭向 120°，即顱骨在緯線南 30°，面顱視向西偏北，在正北之西 60 度。此處乃日落處，時在夏季末或初秋。圓底鉢、圓底罐俱述搖擺，但晃動角度未知。多件圓底器告黃道、赤道耦動爲階甚眾。此謂祝巫多年堅持察此時段日宿處。「陶彈丸」謂某星體，推測爲行星，此係何星，未知。

（3）曆志申說

葬闕長程度當日：

1.18÷0.33＝3.57

3.57×3.0416＝10.87

葬闕寬程度當日：

0.7÷0.33＝2.12

2.12×3.0416＝6.45

葬闕深程度當日：

0.2÷0.33＝0.6

0.6×3.0416＝1.84

小數折算 25 日，計得 55 日。

設擬黃道起點係申說基礎。今設黃道配赤經行度自夏至秋分，行 90 度，再行 30 日迄視方位。但見葬闕深程、長寬程度當日之數寡於此數。推算黃道度初在夏至後 50 度，自此下旋 70 日，及此處。在此處畫節氣線，爲赤經度數，須加 2 日許，平前番未平春分，今番秋分。黃道耦赤道度數算術：

50°＋70°＝120°

葬闕曆日：

55＋10.87＋6.45＝72.32，

此數加赤經交黃道 50°，當 50 日：

50＋72.32＝122.32

多出 2.32 日，視爲前番春分迄今秋分未平日數。

依此推算，知此葬闕骨殖之面顱雙眼眶本視向足伸向之北某物。此物與右脛骨連線之伸展線能及面顱之梨狀孔，或右眼眶。

2）葬闕 M218 曆志

（1）納物曆義

依附表一〇，M218 位於 T216 第 3 層下，長方豎穴，長程 2.6、寬程 1.2、深程 0.2 米，納骨殖來自 35 歲男子，仰身直肢，頭向 50°，骨殖不完整，起出鉢 B 型 1 件、盆 AI 型 1 件，「陶環」1 件。

（2）曆志申說

檢 50° 在第 I 象限，緯線北 40°。或述祝巫察春分後日落，或述秋分前

日落。此葬闕與 M204 有互補曆義。前者隱藏夏至後 50°，此處展陳夏至前或夏至後 50°。

葬闕長程度當日：

2.6÷0.33＝7.87

7.87×3.0416＝23.9

寬程度當日：

1.2÷0.33＝3.63

3.63×3.0416＝11

深程度當日如 M204，計得 55 日。

諸程度當日數之和：

55＋23.9＋11＝90

倘若黃道線初在春分前 50°，迄春分日行 50°，復北行 40°，及視位置。倘若黃道初在夏至線前 40°，行迄夏至用 40°，復下降 50°，黃道行 90°。若爲前者，跨春分，黃道行度不足 90 度，爲 89 度。若爲後者，不須顧平秋分，由於未及此日。

葬闕起出「陶環」，圓或稍扁，未知。但傾斜此物，能象赤經面。左右擺動，此物能象赤經面升降。

3）間葬闕 M315 曆志與申說

（1）納物曆義

依《發掘報告》（下冊）附表一○，M315 位於 T342 第 4 層下，長方豎穴，長程 0.88、寬程 0.84、深程 0.19 米，不滿周歲，頭向 290°，較完整，起出甕 I 型 1 件，侈口單唇罐 II 型 1 件。

甕狀如 M316 甕。故諸程度依此器，口徑程 26.8、底徑程 11.5、高程 36 釐米。也起出侈口單唇罐 II 型 1 件。此器即標本 M315：3，圖版一一三，3。口徑 7.8、底徑 6、高 14.3。二器高須相加。故得 50.3 釐米。

（2）甕斜置模擬暨黃赤道耦動

今依傾斜度放寫此甕放置，不顧上覆罐狀，以便檢討。此處，依間葬闕 M302 剖面圖骨殖之面顱、肢骨走向與甕──缽平行，將頭向視爲此二間葬器軸線走向，後可模擬原圖。發掘者述「M315、M316 與 M213 葬式相同」，此言不確。依附表一○，M315 葬闕係長方狀、豎穴，俯視見其狀非如 M213 平面圖樣。

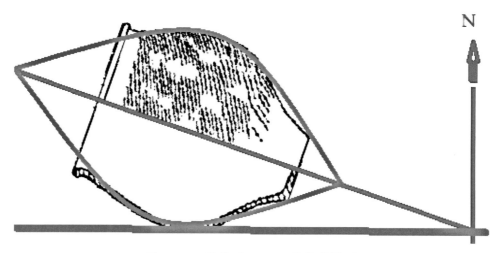

圖八五：間葬闕 M315 間葬甕斜置

朱線上端 N 告子午線北端。斜線告甕——罐斜置狀，褐色平線告地平，即黃道線。灰線橢圓狀告間葬器模樣。間葬闕填埋灰土，涉及夜察蒼穹之色非藍非黑而近灰。橢圓近西北面大、東南面小，故在顱骨位於西北。推測其上下肢骨順斜線放置。

甕外壁乃弧狀，而其鼓腹部乃圓體。倘若設想，平地不動，即見橢圓體轉動，隨日遠近更改去人距離。當去人距離變動，甕接地部更改。顯得地平變動。此乃黃道赤道耦動模樣。此耦動之程須納某時刻，甕——罐軸線瞬時平行於褐線，此刻即春分、秋分見日出東落西之狀。但轉動乃久存之狀。察晨日出所，即知日遠，時在春分前 20 日許，或秋分後 20 日許。

（3）曆志

葬闕長程度當日：

0.88÷0.33＝2.66

2.66×3.0416＝8

寬程度當日：

0.84÷0.33＝2.54

2.54×3.0416＝7.74

深程度當日：

0.19÷0.33＝0.575

0.575×3.0416＝1.75

小數折合 23 日，計得 53 日。此時段納圖示日照線告秋分後或春分前 20 日。起算點合狄宛曆 2 月 1 日許或 9 月 12 日，後將驗證屬何者。

間葬器也須計算度當日。行度當日算術前，須先算得間葬器長。此間葬闕起出甕 I 型 1 件，狀如 M316 甕。故諸程度依此器，口徑 26.8、底徑 11.5、高 36 釐。也起出侈口單唇罐 II 型 1 件。標本 M315：3，圖版一一三，3。口徑 7.8、底徑 6、高 14.3。二器高須相加。故得 50.5 釐米。其度當日：

0.503÷0.33＝1.52

1.52×3.0416＝4.63

若等同穴深、穴納甕——罐高，此得數須視爲穴深當前番某節氣迄今某節氣，爲時 4 個月餘，小數折算 19 日，計得 142 日。此處須顧間葬器高程降低，降低至間葬器腰徑。

依發掘者述甕程度，僅見口徑、底徑、高三者，無腰徑（上冊，第 280 頁）。檢迄今可見仰韶時期遺址發掘報告，也無甕腹徑檢討。我曾於 2018 年 2 月 12 日上午詢問趙建龍先生，發掘時測甕腰徑否，他告彼時未測，但破損者俱已修復。並言，比例尺可爲依據。

檢文檔載甕圖比例尺：

3.5 當 24

算得比例尺爲 6.8 倍。

測圖上此器腹徑 4.52 釐米許，折算 30.736 釐米。對照此器平行軸線擺放與如圖斜置，其高度幾乎無別。故依此數算其度當日數：

0.30736÷0.33＝0.9313

0.9313×3.0416＝2.832

小數折算 25 日，加 2 個月，計得 86 日。

前算葬闕深程度當 53 日、間葬器豎直深程度當 142 日、間葬器側轉後甕腹徑變爲高程，其度當 86 日。祝巫如何關聯諸數，須依前考測算、驗證。在此，測算基礎係祝巫察日軌道抬昇、降低。

（4）曆志申說

此檢須納節氣冬至、春分、夏至、秋分時序與用日。春分後 90 日許爲夏至日，春分後 180 日許爲秋分日。依前檢，宥坐器側旋象徵軌道面變動。其一端上昇，謂日軌道面抬昇。此端下降謂日軌道面降低。而且，此器非兩端俱動，唯一端上而下，下而上。

　　宥坐器底象地心，口象日照線出處，日照線毌器底、器口，係其軸線。此線自地心迄口，乃日射線。如此，宥坐器爲間葬器，截爲二器，若扣縫所在端向下，及 S 處（子午線南端），此謂冬至。若此端上揚，側轉迄 N（子午線北端），時節爲夏至。自東察、自西察無別，其事一樣。依間葬器側轉顯軸線與子午線、緯線夾角論，自冬至日，宥坐器側轉 90° 許，時値春分。續之再側轉 90 日，時値夏至。此時，間葬器口側旋 180°。倘若言春秋分，前番春分迄今番春分，此乃回歸年。於間葬器謂扣縫所在端自春分上揚，迄秋分而返，軸線始於緯線，終於緯線，耗 180 日。此日後，間葬器軸線續下傾，及冬至，用日 90 日，後上揚，迄扣縫端上揚迄春分線，即緯線，用日 90 日，此乃黃道 360°，此度數折算 360 日，乃璇璣歲日數，補日後爲回歸年，歲 365 日。前著檢討曆闕春秋分求算，其故在此。看來，狄宛一期祝巫先輩早知此事，唯於第一期以器演之。

　　此事於日照有證：扣縫端在下，不能樹立，唯堪側置，午時置於凹陷處，固置而日在南天，日影長。若夏至日午時，扣甕盆（鉢）圓底在上，日影最短。若以平頂木樁測日影，等長之物，日影稍長，故在棱角也有日影。

　　澄清諸題，今須求證狄宛聖賢在子午線東、還是在子午線西查看間葬器軸線上昇、降低。此題恰關聯前算日數。自東察度數、自西察度數，算後得數迥異。

　　前三數以 142 日爲大，此日數起算點係一大問題。無論怎樣起算，今知間葬器在第三象限，位於緯線北 20°。折合 20 日。既如此，可斷去秋分日 20 日。今以間葬器弧狀端直北（N），142 日當 142°，起算點係冬至後 38 日，即器圓弧端直（S）後 38° 爲起算點，算術：

$$180° - 142° = 38°$$

　　間葬器圓底自冬至後第 38 日許上行，迄夏至，用日 142，而後下降。此物下降有二途：自 N 向左而下，或自 N 向右而下。今先驗算自左而下。自夏至起算，第二象限自南端 38° 仍不變，但圓底器自 N 側旋所在未定。今自 N 求算此數：

$$90° - 38° = 52°$$

　　減 38° 故在此數乃前數，猶如自 S 端迄起算點一般。減此數後得今度數 322°。以此度數爲黃道度數，得 52°。以黃道數爲日數，此數小於眞實日數，故在黃道度數猶如璇璣歲日當度數一樣，小於回歸年內日宿度數。此數恰匹配葬闕深程度當 53 日。

另一組數字須照顧：即 52°遠去 20°。如何彌合此隙 30°，係一問題。察間葬器側傾度當日為 86 日，而葬闕深程度當日 53 日，自側傾以迄平復，相差日數：

$$53-86=-33$$

此謂間葬器側傾 33 日後，將及秋分。此數折合 33°，此度數在緯線北 33°。自此處及緯線北 20°，有 13°。此差數出自何數？

檢葬闕長程、寬程度當日係 8 日、7 日。二數相加得 15 日。以 13°為黃道度數，當日數，得 13 日。此日數較之前二數之和寡 2 日。此二日差本乎未平二分。

4）間葬闕 M316 曆志與申說

（1）納物曆義

依《發掘報告》（下冊）附表一○，M316 係間葬闕，長方豎穴，長程 1、寬程 0.8、深程 0.2 米，較完整，出土鉢 B 型 1 件，甕 I 型 1 件。但是，頭向不清，也無墓向參數，不能繪圖。

B 型鉢即標本 M316：3，圖一九三，4，口微收，口唇厚圓、腹深且圓鼓，底微殘，口徑程 14、殘高程 6.5 釐米。甕 I 即標本 316：2，圖一九七，1。口徑程 26.8、底徑程 11.5、高程 36 釐米。

（2）度當日曆算暨間葬器與緯線夾角溯推

照顧此間葬闕模樣似 M315，但甕——鉢側置，故其高程也準乎前算 M315 甕側置高程，度當日如上，即 86 日。

葬闕長程度當日：

$$1÷0.33=3.03$$

$$3.03×3.0416=9.2$$

寬程度當日：

$$0.8÷0.33=2.42$$

$$2.42×3.0416=7.37$$

深程度當日：

$$0.2÷0.33=0.6$$

$$0.6×3.0416=1.8249$$

零頭折算 24.7 日，毛算 28 日，總計 58 日。

間葬器高程度當日：

$0.425 \div 0.33 = 1.28$

$1.28 \times 3.0416 = 3.91$

小數折合 27 日，計得 119 日。

器腹徑度當日如前，計 86 日。

起算點爲：

$180 - 119 = 61$

此數謂冬至後 61 日係起算日，日照線在緯線東端之南 29°。間葬器自 N 向左側旋，故自始，以 90° 爲域減算：

$90° - 61° = 29°$

傾斜與平復日數差：

$58 - 86 = -28$

此謂間葬器左下側旋 28 日，後及秋分線。依前算術，此數減葬闕長程、寬程度當日數和，即溯算間葬器傾斜角：

$28 - 15 = 13$

此數含平二分用 2 日，減去此數，得 11 日，當間葬器與黃道線交角 11°。依此得知，此葬闕瓦器位於緯線西端之北 11°。發掘者言「頭向不清」非塙言，爲間葬器之圓底器之圓底向西偏北，在緯線北 11°。此方位乃顱骨方位。

2. 雍覆葬闕曆援

1）M18 曆志

（1）納物曆義

依附表一〇，M18 位於 T6 第 4 層下，範圍不清，深程 0.34 米，擾亂，墓向或頭向不明。起出少量骨骼，出土鉢 AIII 型 2 件，盂 I 型 1 件、細頸壺 IV 型 1 件、侈口單唇罐 II 型 1 件，被 F7 雍或覆。

檢 AIII 型鉢即圖一九三，6。淺腹、口沿有寬帶、圓底。淺腹告蒼穹去人不遠，時在初夏或盛夏或大暑前後。盂 I 型即標本 M18：1，圖一九三，10。IV 型細頸壺即標本 M18：2，短頸。口沿有紋飾。推測此葬闕述曆涉含夏季。

（2）度當日曆算

此葬闕長程、寬程俱不清，唯深程堪爲曆日算術。葬闕深度當日：

$0.34 \div 0.33 = 1.03$

1.03×3.0416＝3.133

0.133×30＝4

3 個月又 4 日，折合 95 日或 96 日。

缺頭向參數，故不得繪圖。無圖，不能測算起算或曆日閾。檢葬闕深程度當日 96 日之源，即深程 0.34 米係 F7 垣高 0.3 米曆援之數。

2）M201 曆志

（1）朝向納物曆義

依附表一〇，M201 位於 T203 西擴方第 3 層下，長方豎穴，長程 2.2、寬程 0.6、深程 0.48 米，葬闕納骨來自 15 歲一人，仰身直肢，頭向 80°，上部擾亂，出土骨笄 I 型 1 件、骨鏃 III 型 1 件，雍於 H200。檢無此遺跡 H200，此遺跡須是 M220。

今不知此葬闕骨殖擺佈，故不能訓釋骨殖曆義。「上部擾亂」似告顱骨喪佚、胸椎以上不見，上肢骨不全。如此，頭向須視爲葬闕朝向，即長方葬闕走向。今取此葬闕中軸線爲繪圖基礎。

頭向 80° 謂顱骨——脊椎——肢骨走向在緯線北 10°。自其南某起點往夏至耦動之程，有此視方位。也可照顧夏至日，日軌道南移，如黃道向北 80°。如此，其起點也須考究。諸程度當日數乃測算基礎。

（2）曆志與申說

長程度當日：

2.2÷0.33＝6.66

6.66×3.0416＝20

寬程度當日：

0.6÷0.33＝1.81

1.81×3.0416＝5.53

深程度當日：

0.48÷0.33＝1.45

1.45×3.0416＝4.42

小數折算 12.6 日，計得 135 日。

檢諸程度當日數和：

135＋20＋5.5＝160.5

設春分日爲起點，秋分日爲終點。當璇璣歲（黃道行）180°。以諸程度當日和計較，尚虧 19.5°。此度數不得彌合。

設秋分日爲終點，迄秋分前 10 日，黃道往返行度：

160.5－10＝150.5

此程歷夏至日，80 日前爲夏至日，當行度 80：

150.5－80＝70.5

緯線南 70.5° 爲初始度數，黃道在春分後 19.5° 爲起算度數。

3）M202 曆志及其曆援

（1）朝向納物曆義

依附表一〇，M202 位於 T203 西擴方第 4 層下，長方豎穴，長未知。寬程 1.27、深程 0.3 米，骨殖來自 25～30 歲男子，仰身直肢，110°，葬闕殘，起出 AII 型缽 3 件，其 1 殘。起出葫蘆瓶 III 型 1 件、侈口雙唇罐 AI 型 1 件、AII 型 1 件、骨笄 I 型 1 件、骨錐 I 型 1 件、骨鏃 II 型 1 件、陶環 1 件（殘）。雍於 Y203。

設骨殖下肢骨向西北，顱骨位於東偏南，即緯線南 20°，頭在日過黃經 340°。目視日過黃經 160°。如此，目視西偏北天區乃察宿所在區域。此處乃夏至後、秋分前落日炳照之所。陶環告尾宿，故斷祝巫擺佈骨殖寫記察西北日宿，屬西垣。

（2）曆志申說

寬程度當日：

1.27÷0.33＝3.84

3.84×3.0416＝11.7

深程度當日：

0.3÷0.33＝0.90

0.9×3.0416＝2.765

小數折算 22.9 日，當 30 日。計得 91 日。體爟闕 Y203 雍援 M202 曆算揭前。

4）間葬闕 M206 曆援

（1）朝向納物曆義

依附表一〇M206 位於 T200 第 3 層下，「範圍不清」。寬程 0.7、深程 0.24

米，納骨殖來自 3 歲女童。近全存。起出土盆 AII 型 1 件，甕 III 型 1 件，覆 F235。案，凡見發掘者述間葬闕而言「範圍不清」，即見間葬闕之間葬器外葬闕與間葬器界限不清。

　　甕標本 M206：1，《發掘報告》圖一九七，2。口徑程 44.8、底徑程 23.5、高程 44.5 釐米。甕口覆圓底盆標本 M206：2，《發掘報告》圖一九四，1。大侈口、疊唇、腹外鼓、圜底，唇飾黑彩帶，腹飾「兩方變體寫意魚紋，魚頭呈近三角形，魚身多單線。」口徑程 40、高程 14 釐米。

　　（2）曆志申說

　　寬程度當日：

　　$0.7 \div 0.33 = 2.12$

　　$2.12 \times 3.0416 = 6.45$

　　深程度當日：

　　$0.24 \div 0.33 = 0.72$

　　$0.72 \times 3.0416 = 2.2$

　　小數折算 6 日，計得 67 日。此處，寬程本可容許甕——盆側轉。今無圖樣，也不知間葬器側置向度，故不再考究此向量。

　　甕高加盆高計得 58.5 釐米。

　　$0.585 \div 0.33 = 1.77$

　　$1.77 \times 3.0416 = 5.39$

　　小數折算 12 日，計得 164 日。由此溯推，甕傾斜角在 20° 以內，約爲 16°，近似平埋。此推算基於夏至迄冬至 180 日許，即此器自夏至側旋而下，90 度而及秋分，及近冬至而得 164 度。器自立而斜。

　　側置見器高等於甕腰徑，今測算器腰徑程度當日：

　　$0.445 \div 0.33 = 1.34$

　　$1.34 \times 3.0416 = 4.1$

　　小數折算 3 日，計得 125 日。

　　前算深程度當日，得三數：葬闕深程度當日 67 日。甕——盆加得高程度當日 164 日。甕腹徑當側置高程之度當日 125 日。

　　依諸日數溯推，發掘者見此葬闕出土時地平低於側置間葬器高程，此器傾斜露出葬闕地平面。間葬闕長程未知，故不放寫器狀模擬。

5）間葬闕 M214 曆援

（1）朝向納物曆義

依《發掘報告》（下冊）附表一〇，M214 位於 T200 第 3 層下。範圍不清，甕 V 型納歲幼兒骨殖，無缽。覆於 F243。

標本 M214：1，《發掘報告》圖一九七，5。口徑程 35.4、底徑程 15、高程 52.2 釐米。依圖比例尺測腰徑長 41 釐米。

（2）間葬器甕曆志

缺缽，故唯可算此間葬闕側置高（深）程度當日：

0.41÷0.33＝1.24

1.24×3.0416＝3.77

小數折算 23 日。計得 115 日。此日數乃視曆義一端。器高程不得計算。葬闕長程、寬程、深程俱不得知。此處無以計算曆志細節。

6）M215 曆援

（1）朝向納物曆義

依《發掘報告》（上冊）附表一〇，M215 長方豎穴，長程 1.9、寬程 0.8、深程 0.15 米。骨殖來自成年男子，年齡在 25～30 歲，方向 40°，較完整，起出土缽 AII 型 4 件，葫蘆瓶 II 型 1 件，侈口雙唇罐 AI 型 1 件、CI 型 1 件，雍 M216，雍於 H249。

《發掘報告》未錄此葬闕平剖面圖，故不得摹寫邊角關係。諸器如何擺放不清，故不能判定有無器口沿線與某線相交。此處唯顧葬闕諸程度為算。

檢顧骨脊柱與肢骨走向 40°，此乃視曆義，其節氣曆日含義係，或在春分後，或在秋分前 40°。起出瓦器有缽，故涉及春分或秋分。

（2）曆志申說

葬闕長程度當日：

1.9÷0.33＝5.75

5.75×3.0416＝17.5

寬程度當日：

0.8÷0.33＝2.42

2.42×3.0416＝7.37

深程度當日：

0.15÷0.33＝0.45

0.45×3.0416＝1.38

小數折算 11 日，計得 41 日。

設此葬闕寫記夏至前日照迄夏至日照。若日照線自 40°起，餘 50°。但諸程度當日數和大於此數：

65.87－50＝15.87

如此，初始日照線位於 40°線之南：

40°－15.87°＝24.13°

90＝65.87＋24.13

此段納骨殖視方位 40°。

（3）雍曆援與爲雍曆援曆闕 H249 曆援

M216 曆志：長程度當 16.59 日、寬程度當 7.37 日、深程度當 55 日。M215 曆志：長程度當 17.5 日、寬程度當 7.37 日、深程度當 41 日。

依此得知，M215 寬程援 M216 寬程，M215 深程取於 M216 深程。M216 小龕諸程度當日數非所取。

7）駢枝：M224 曆志

（1）曆志

M224 係長方壙，南雍於 F245，壙殘長 1.4、寬 1.1、深 0.16 米，方向 15°。此度數出自斜肢骨與子午線交角。此葬闕星曆義揭前訓。

長程度當日：

1.4÷0.33＝4.24

4.24×3.0416＝12.9

寬程度當日：

1.1÷0.33＝3.33

3.33×3.0416＝10

深程度當日：

0.16÷0.33＝0.48

0.48×3.0416＝1.47

小數折算 14 日，計得 44 日或 45 日。

（2）曆志申說

方向 15°即脊柱走向線與子午線交角。設此葬闕曆算終點爲夏至日。檢

此葬闕諸程度當日之和等於 67.9。自春分迄夏至用度 90。起點曆日線位於春分線之北，但在 N 端之東，此度數大於 15°。此二度數差：

90－67.9＝22.1

由此得知，祝巫察宿時，顱頂偏轉，自北極以下 22.1°迄去北極 10°，後直北極。故察宿乃南垣諸宿。前考燧宿、苯宿等俱係旁證。

8）M220 曆援

（1）朝向納物曆義

依《發掘報告》（下冊）附表一○，M220 位於 T213 第 4 層下，長方豎穴帶側坑，長程 2.16、寬程 1、深程 0.4 米，殘存下肢，方向 30°，上部殘，出土缽 AI 型 4 件、葫蘆瓶 I 型 1 件、器蓋 1 件、侈口雙唇罐 AI 型 1 件、鹿頜骨 1 件。雍 M219、爲 M221 雍。

殘存下肢謂上肢、脊柱、顱骨、肋骨喪佚。方向 30°出自發掘者依墓向暨下肢骨平行墓向測算而得。案，狄宛一期有葬闕不見顱骨、軀幹、肢骨。北首嶺遺址也見骨殖上部喪佚之葬闕。顧《發掘報告》無此葬闕圖，不知下肢骨擺佈細節、諸瓦器口沿是否平行於地面。僅可依骨殖朝向即頭骨反方向辨識葬闕走向，此係畫朱線模擬此葬闕走向之基礎。

（2）曆志

葬闕長程度當日：

2.16÷0.33＝6.54

6.54×3.0416＝19.9

寬程度當日：

1÷0.33＝3.03

3.03×3.0416＝9.21

深程度當日：

0.4÷0.33＝1.21

1.21×3.0416＝3.68

小數折算 21 日，計得 111 日。

無小龕長、寬、高諸程，也無其走向度數，不能勘其曆義，算其曆日。

（3）雍援 M219

前算 M219 曆志：葬闕長程度當：16.95 日、寬程度當閾值 8.29～10.5 日、深程度當 84 日。其小龕長程度當 5.53 日、寬程度當 3.68 日、深程度當 98 日。

M220 長程度當 19.9 日、寬程度當 9.21 日、深程度當 111 日。檢 M220 寬程度當日近 M219 寬程度當日閾值之和平均數。而 M220 深程度當日含 M219 深程度當日。言曆援即謂曆算援引 M219 深程滿數。

9）M221 曆援

（1）朝向納物曆義

依《發掘報告》（下冊）附表一○，M221 位於 T213 第 4 層下，長方豎穴帶側坑，長程 1.4、寬程 0.9、深程 0.3 米，男骨殖，年齡不明，仰身直肢，頭向 30°，上部殘，出土鉢 AII 型 4 件、葫蘆瓶 III 型 1 件、侈口雙唇罐 AI 型 1 件、CII 型 1 件，雍 M220。

附表一○，M221 欄末「備註」欄「打破 H220」。檢狄宛一期遺跡無曆闕 H220，二期遺跡也無曆闕 H220，附表一三（三期灰坑登記表）也無 H220。附表一九（第四期灰坑登記表）有 H220，但在 T210 第 2 層下。「打破」即雍殘。後期遺跡可雍前期、同期甲遺跡能雍同期乙遺跡，但前期遺跡不能雍後期遺跡。故斷附表一○M221「備註」欄記「打破 H220」係謬記，須改「M220」。

（2）曆志

頭向 30°即子午線北端偏東 30°。其視曆義即，時在夏至前 30 日或夏至後 30 日許。若有顱骨，須在東北。依下肢骨擺佈，能勘知足向即目向，除非面顱部順肢骨走向暨墓向。擬面顱目向子午線南端偏西 30°，此處係目視區，此處係冬至日落處。在春分前 60 日許。瓦器擺放朝向未知，故不得為曆義推斷基礎。

葬闕長程度當日：

1.4÷0.33＝4.24

4.24×3.0416＝12.9

寬程度當日：

0.9÷0.33＝2.72

2.72×3.0416＝8.29

深程度當日：

0.3÷0.33＝0.9

0.9×3.0416＝2.76

小數折算 22.95，計得 84 日。

附表一○既未舉側坑諸程度，今不能推算黃道或赤道初始位置。

（3）雍援 M220 曆志

前算 M220 曆志：葬闕長程度當 19.9 日、寬程度當 9.21 日、深程度當 111 日。今見 M221 曆志：長程度當 12.9 日、寬程度當 8.29、深程度當 84 日。M221 諸程度當 105.19 日，此數寡於 M220 葬闕深程度當日，取其 105.19 日。其源在於，M220 深程乃 M221 深程之四分之三。

10）M223 曆援

（1）朝向納物曆義

依《發掘報告》（下冊）附表一○，M223 係間葬闕，位於 T212 第 3 層下，長方豎穴帶側坑，長程 1.54、寬程 0.7、深程 0.3 米，骨殖來自男性，仰身直肢，頭向 46°，腰部殘，無出土物，覆於 F237、F249。

頭向角謂軀幹骨殖走向東北──西南，面顱朝向不清，有三向可擬：第一順長，察西南天區。第二，顱骨右偏，雙眼眶察西天區。第三，察東南天區。發掘者未述側坑諸程度。

（2）曆志

長程度當日：

$1.54 \div 0.33 = 4.66$

$4.66 \times 3.0416 = 14$

寬程度當日：

$0.7 \div 0.33 = 2.12$

$2.12 \times 3.0416 = 6.45$

深程度當日：

$0.3 \div 0.33 = 0.9$

$0.9 \times 3.0416 = 2.76$

小數折算 23 日，計得 84 日。黃道耦赤道行度大於 100°。此處無側坑細節，不便測算曆志細節。曆日起點難測。

11）祝巫星曆學用器初考

（1）度分器

F229 起出「骨體石刃器」堪命曰「骨尺」。此物有長程、有刻痕、有刃。祝巫用此不獨能度物長程、寬程，也能判分（半截）某物。此物長程三分之

二尺，寬程三分之一寸。此器即王家弼所言分度線尺或切線尺〔註 47〕。彼時有無正弦線尺，我尚未考證。

《發掘報告》圖一六三，刃器與為骨尺（度切）。圖一六五、一六六，骨鏟有寬 1 寸許者，堪用以找平依度。放寫平黃道或平赤道面，則為曆象器。

骨體石刃器之用：欲論祝巫別天區是否精細，今唯能覓得模擬之證。檢營窟 F360 起出某種「骨體石刃」器。此器用於切割。切割者以此物切割平面方角軟物，能得某狀。若切圓面軟物，能切過心，由此得徑程。

其它營窟也起出類似骨器，譬如：

F360 納此類骨器，堪用於切割，但不堪用於度長程。於祝巫，若須精細摹記天象、星象，須先依比例記錄天體距離，照顧天體位置方向。而後在地表大面上用石刃器勒線，搭長桿為圓過心，以石刃器勒過心線，而後能為戶道直對燿闕模樣。

（2）直、弧、規器

工器之開木放度，如直線依平，弧線依鑿弧（前者如《發掘報告》上冊，檔 285，圖一六七，第 5，後者如圖 3）。

規器：發掘者言骨匕《發掘報告》圖一七五第 7 器（標本 F306：43）係骨匕，此物其實是規樣，如鞋樣。此圖第 12 器一頭有孔，堪用如寫圓之規（標本 H709：21）。

（3）矩器

骨錐類別如有骨節無骨節兩類。有節骨錐不獨便於手握，而且喻節氣。《發掘報告》（上冊）圖一六九 10 器尖銳部模樣參差，但俱堪用如角尺。長有半尺者（發掘者言 C 型），有三分之一尺（發掘者言 D 型）。

堪為兩斜線夾角、堪用於測一邊平線與斜線交角。前者如此圖標本 H245：2，後者如標本 H238：4。發掘者未有類別依據。如《發掘報告》（上冊）圖一七〇舉 8 骨錐，其狀仍堪類以矩器。

（4）渾天器

圓底缽、瓦丸、石丸、骨環等。圓底缽寫蒼穹、天球、指星所，乃最大日用曆教器。骨環堪用於述璇璣歲，也堪用於述天球軌道。前者譬如圖一七七第 2 器，後者如此圖第 3 器。此圖第 1 器即骨環，堪用如圓規。

〔註 47〕　王家弼：《天學闡微》，《續修四庫全書》第 1035 冊，上海古籍出版社，1992 年，第 148 頁～第 149 頁。

　　圖一七八第 1、第 2 骨器俱堪用於述黃道面，其寬類比地面。第 1 器輪廓象黃道，其底邊平直，述人觀象立於地表。內凹部寫蒼穹如凹底。

　　圖一七九第 3 器（標本 H326：16）、第 4 器（T210④：8）樹立而視見骨鉞，柄部係觀象者立所，此處為方。沿骨鉞兩邊三角棱端點向柄橫線間部劃線，即見半天球。右旋或左旋此物即見黃道、赤經相對轉動。發掘者命此二物「骨牌」，係無據之名，不可信。

　　圖一九七第 5 器有 2 孔（標本 T602③：2），此端全存。此器堪用於畫平行線以及射線端點平移。述兩歲春分日日照可用此物，而且可述歲差。圖一八三第 1、2、3 諸器被發掘者呼為「筆帽形器」（檔 308）。此名毫無根據。諸器係祝巫觀星用器。圖顯 3 器可反置（標本 F305：24、T109③：75、T325③：1）。平底置地，銳角向上，下端圓面寫黃道，人立處。尖銳寫星宿直日。傾斜平置處，即見日直星宿在正負 180 度變動。北天星宿俱被函納。

　　狄宛第二期某種骨器，狀似房木匠放線錘。筆帽狀骨器，告日過黃道夾角，圖一三八第 1、2、3、4 器俱堪此用。此物狀似木匠放線錘。圖一七八第 1 器被發掘者命為「紡輪」狀器。此器堪配放線錘狀骨器，摹寫營窟 F207 天球與日過黃道某度，以及黃道。諸器俱係曆象器，非日用器物。而且，F207 圖樣乃祝巫造諸骨器之源。此乃尚象造器局部。

術語與考釋

1. 術語（依拉丁字母拼音次第）

壁宿	程效
徧覆	程閾
參數	尺骨
參宿	初昏
側	垂直
側轉	垂向
差	垂向曆連
差角置向	磁偏角
拆	錯匹
拆理	帝
拆理葬	狄宛里
拆理埋	氐宿
長程	底
陳	底開
程	底徑程
程變	底貌
程次	底貌雜
程超	底狀
程度	地軌內

地軌內行星	更
地軌外	更設
地軌外行星	肱骨
地平曆連	菁（井）宿
地平協所系	骨
地心系	骨尺
地軸	骨管
地軸傾角	骨組
骶骨	骨殖
典效	股骨
定	丗
定程發掘	丗段
定所	丗期
斗宿	冠狀縫
度	蓳
度分	爟火
度分器	爟火洞
度當	爟火室
薹造	爟事
額骨	爟闕
房宿	爟宿
腹	孤
腹徑	孤覆
覆爟闕	孤闕
覆檢	孤雍
覆曆援	孤雍覆
改火	孤葬闕
改向程	圭臬
改向程曆援	規
高程	規器
高程絕對值	軌

曆日原念	器用
曆體	前陳
曆爲	切匹
曆爲營造	傾角
曆援	圈界底開結構
曆志	圈界繞日信期
里	闕
梨狀孔	闕燼事
鄰匹	擾更物態
婁宿	繞日週期
顱	日
顱底	日環行
顱骨	日視見
顱頂	日心系
貌	日數
貌改	日數閾
貌效	日晝夜視見
面	日週天視見
面顱	上合
木星	深程
撓骨	室宿
內階	矢狀縫
女宿	示
耦動	視
耦覆	視日所
耦去	視天
耦向	視象
耦雍	視星
起出	視知
器	樹藝
器闕	水平

水平曆連　　　　　　　　同層曆闕所
水星　　　　　　　　　　同層遺跡所
司爟　　　　　　　　　　同向程
司景臺　　　　　　　　　同向程曆援
素闕　　　　　　　　　　透層
算知　　　　　　　　　　透層曆闕
算視知　　　　　　　　　透層遺跡
算未視知　　　　　　　　土星
所　　　　　　　　　　　圖
所高下　　　　　　　　　圖顯
所關係　　　　　　　　　圖狀
所見　　　　　　　　　　瓦
所並　　　　　　　　　　瓦缽
所覆　　　　　　　　　　瓦器
所系　　　　　　　　　　瓦丸
所細　　　　　　　　　　瓦線陀
所雍　　　　　　　　　　外
體　　　　　　　　　　　外知
體爟闕　　　　　　　　　緯度
體爟闕與體　　　　　　　尾宿
體解　　　　　　　　　　文昌
天　　　　　　　　　　　烏蘿
天狗　　　　　　　　　　效
天河　　　　　　　　　　效長程
天狼星　　　　　　　　　效程
天球　　　　　　　　　　效深程
天球協所系　　　　　　　下合
天體　　　　　　　　　　線界
天王星　　　　　　　　　西里
同層　　　　　　　　　　協所
同層曆闕　　　　　　　　協所系

行星	異向程曆援
蒞日	遺跡
系	遺跡層
心宿	遺跡層所
信期	遺跡所
向程	遺跡異層所
星	營窟圈界
星合所	營窟底開
星曆	營窟結構
星曆家	營築
星曆考古	營築曆為
星曆圖	雍
星曆學	雍覆
星所	雍燧闕
星所次	雍曆援
星所黃經度	雍匹
星所相	與
星系	與覆
星象	與基
行星	與見
行星繞日	與雍覆
行星與繞日心	與體
同向程	與體燧闕
橢圓	與葬
腰徑	域廣
野燧闕	閾
異層	閾變
異層曆闕	閾值
異層曆闕所	閾小值
異層所	閾大值
異向程	閾間值

閾深程大值	枕骨
閾深程小值	正爟闕
遠匹	置建
遠日	置向
葬闕	旨的
圓底	中性點
圓底缽	週行
圓底缸	周轉
圓底坑	軸
圓底盆	軸長
張宿	

2. 術語考釋（上）

1）星曆學論知限於物所與遐邇

（1）邇取非所不可

遊獵時代，初無知地者，而有謀知立所外食物者。如此，行遊者略地。遊多所、行甚久係其生存狀況。行遊多所故多見地產以某時，多見諸所人貌、人行為、人往來。故太初謀食者非獨知地者，乃與者也。此時段，見天色轉變、晨昏之別、晝夜之差。諸景象與食物與在，但不須與見於同所。謀食係不消之內力，而物印象混沌於記憶。以知謀食之力乃第一衝動，此力衝出記憶混沌，而後被剝離。初成此力者，係太初祝巫，萬世初祖。

食所、物象之所同，此乃與所。唯祝巫知此物象，循此物象而能見食物。譬如睹李樹知此所有果或將有果。此木所即果所。取果於木，此乃取食，而非取所。但若不察所，無以取食材。此取即邇取或近取。

（2）遐取非察物所不可

遊獵時代，非遐取不能養眾。遐取之一：禽獸往來不從人慾，唯以物象：草食獸以草木榮而至，肉食獸從至。禽有候禽，非候禽。候禽別涉禽非涉禽。謀取獸，須從其動變所而逐。及其止，其所定。遐取之慾今變為邇取。

遐取之二：未知禽獸所，謀知禽獸所。但知須遐遊而及禽獸所。及禽獸所之前，睹地上蹄印跡，或聞其聲，循諸兆而及其所。

依諸事知邇取遐取盡恃及所。以食類物，謀食恃及食所，謀知物也須恃

及物所。及物所須恃目見。知不能目接之所,即須假能指告物所之指告。故指告乃媒介。

(3)「所有」謂物主知物在何地

所有權之名以其朦朧告範圍大而變爲財產法一名。但考諸希臘、拉丁法律史、中國古史,俱無此名。而近代歐洲法律基名多本乎拉丁文。今須澄清此名底義,以爲清言之界。

依曹雪芹撰《紅樓夢》第十二回,秦可卿亡故,合族忙動。眾人問討料理之計於賈珍。賈珍拍手道:「如何料理,不過盡我所有罷了。」

於此,「我」謂物主,即財富之主。能支配屬己任一物。但屬己諸物別遐邇。遐所之物得堪動用,邇所之物也堪動用。但事別急緩、情有記憶參差。

急事須就近處理。物所、人所近,即爲有援。身爲物主,賈珍知此理道。而且,他欲給出屬己諸物,此乃情願。而此刻賈珍「拍手」。此拍手謂精神大受震動,故在賈珍與兒媳非分往來,已成苟且越禮之歡。於無物慾、無精神寄託之年邁老者,非分求歡乃其歡愉寄託。今喪此寄託,故不能自持,拍手之動出自此等喪歡之痛。於此心念大亂之時,他僅能有限告喻堪支配財產。此限在於此刻倉促間記憶某物何在。而非賈珍盡有之物。況且,秦可卿今喪,賈珍來日須度,何以敢於盡去屬己之物?故曰:「盡我所有」不等於「盡我有」。曹雪芹創作技巧在於,他把握賈珍心態,知其惶恐、急切而記憶力有限。此狀況合乎人物環境。

2)知唯三途皆星曆之基

(1)間、說、親

間者,假某物功恃己之察而接物。或用間,謀足私慾,饋給某物,導他人誤察某第三人、某第三物。此二事之前者功在旨的一人謬用某人,或謬黜某人。後者功在阻遏某旨的一人接物而「然」。置此二者之前者係兵家諳熟墨子知論之證。現代媒介頻被濫用,厭其私慾。

說者,出故而聞者悅也。聞者即舉問者。問、聞韻讀近而義連。以疑而問,問而求知。若得聞此故,釋義而快、而安。學者心得,以出故而顯。聞者求知,以舉問得故而增廣。戰國末,韓非《說難》一篇,足以更改《墨經》「官知」大體,甚或妨害此偉大著作傳播。韓非子學有所本,但唯圖暢慾達的而矯飾言、名。其「說」限於悅一人,喪失《養生主》《天道》等篇道學。

若干年前，我以爲司馬遷入韓非於老莊之類，堪當美譽。於我清檢狄宛聖賢功業初階，即見韓非實乃中國春秋思想繁榮戕害者之一。不求萬物之然，而謀諂媚，屬奸佞學大家。墨子「間說親」之學與蒙陰影。

（2）星視見恃親閒及星曆須恃親間說

星曆告二事：星、視見星而曆日。星乃外物。視見即目接。連星曆而得新名，此名即依視見星體爲曆。於遠古，此爲星曆，於遠古之後譬如虞夏以降，此乃天官。《史記》舉天官、律、曆，以「書」錄之。其事乃黃帝以降宗別事類所致。

星別恆星行星，此蓋祝巫曾知。遊獵於外，難免遲返洞穴。數番遲返，於野辨路，而取用北斗七星之天樞直北極星而正南北。南北正，即能正足向、正足向而正跬步，速返故地。辨北斗七星，此乃親，不得假人而視。

連察北斗七星週旋，得璇璣歲配圈，此乃閒而知璇璣歲 360 日之圖。故規爲器，用其寫圓，此圓告 360 度。由此而算 360 日，度當日，此又係閒。依此認知，我造設度當日算術，乃謀設閒知之途，非謀知。讀者須正取。而協所系也屬此類。

狄宛最初祝巫知星曆，以親、閒。視見日行天球，此乃親。視見月全食也係親、視見日全食，同以親而知。其閒在乎察見北斗七星週旋、甚或日夜行於天球，唯不知何以志。而說唯堪證以狄宛第一期石器或瓦器。或前狄宛第一期末段某物。澄清此題，須恃辨識前狄宛時代狄宛祝巫用物。此事恐在未來須恃鑽探者發佈其起出物相片等。

說謂親或閒知者見某恆定關聯，譬如星體繞行天球。曾不知而今知，今知而便生存，故說。

狄宛第二期以降，祝巫星曆恃此三途：不懈視星體，能見其運動。此乃親。恃多器而模擬星體運轉，此乃閒，譬如瓦弓象星道一截。圜底器放寫天球，口沿放寫黃道圈。赤道傾斜等俱係閒而知，非目視知，故非接知。模擬之時，須在曾有疑惑或謬誤之時。故檢得曆援頻繁，而不見星曆盡謬遺跡。

3）知星即知星所及察星之途

（1）春秋以降天文學名指實有暇

初辨中國古人體系察星起於狄宛第一期。後世文字發達，指告察星諸名眾而多堪承用。但星占之妄多混雜天文志，須返璞歸眞，見其與近代西方自然科

學切點，須行甄別之事，去妖、凶、兆等名。譬如蔡汝楠曾言：「凡星之居日次、日舍、日留。同舍曰合。變爲妖星曰散。經之曰歷。相擊曰鬬……〔註1〕。」

論星居以次、舍、留、合諸名盡是。但變星曰妖，此名悖。檢其源本乎「天反時爲災」說。《春秋左傳·宣公十五年》夏，「天反時爲災，地反物爲妖，民反德爲亂。」地物以時出，而時本乎曆日。又以天體行相擾而微變。而曆日者爲曆不顧星象，不謀知星體運行，草率命以乃反時。由此導出災異論。狄宛第一期以降察星爲曆之事今已衰變。中國天文學與星占術混雜之跡已顯。戰國後，此勢再難阻遏。今欲依本正流，故昌言變更學名，而此變須始於「所」。

（2）「所」謂星動止有向程

文獻記天象查看者視見星所在，頻用所字。譬如，帛書《天文氣象雜占》、《開元占經》。曾有人檢討「所」用例，但不究其本有無自然科學功用〔註2〕。此名占書涉視見星何在之命，頻用所。

今考此名指事納二等：擊以斧鉞類石器。星體衝、凌。後者出自前者引申。以石塊攻擊另石塊，見火星。星體在夜之狀似此。故斧鉞本名斲。所字韻讀從斲。

又兼此字字源在斲，斲須有聲音，故聲波傳播被告喻。聲源、聲場、聲傳速否、聞言者得聲波與聲場它波有無干擾俱被涉及。而墨子名連涉意饋之前提被觸及。而聲波之速率話題也被隱含。總之，所字字源與表意範圍滿足近代自然科學表意訴求，此名堪用於檢討相關現象。依此名檢疑，解疑將便於學術進益〔註3〕。

（3）星動即所變及與見某星而惑

星以目接而有所，但此非久。異時而視星見所動，此乃久察星。故《經上》曰：「久，彌異時也。」異時者，晝夜也、晨昏也。晝以日命，夜以陰暗或月命。晨以東漸亮命，昏以日棲於西而命。久視見某星，即謂昏或夜視見某星宿，晨昏也能知其所。連其所，即見其所變。有此所變而推知，星動向、往返。

〔註1〕 蔡汝楠：《天文略》，《續修四庫全書》第1031冊，上海古籍出版社，1992年，第135頁。

〔註2〕 劉嬌：《試說馬王堆帛書〈天文氣象雜占〉『所』的用法》，《語言研究集刊》第11輯，2013年（2）。

〔註3〕 周興生：《〈墨子·經上〉中『成』式法律推理約束力考論》（上），《重慶工學院學報》2008年第2期。

祝巫自視見某星而迄知其所動之度率、日率，不知耗時幾何。祝巫須徧察天際諸星宿，而後能見此星與旁星所在何方。此時，須依三途：徧察主星從星。第二，別平面於弧面以顯行所動止。第三，畫線顯其所而不得左右轉動線條，如轉動瑟音軸。

故《經上》曰：「動，或從也。」《經說上》：「動，偏祭徙者，戶樞免瑟。」此條堪用於清睞狄宛營窟戶道星曆義。

動者，星動也。東、動韻近，自東而西行、而後南行、東行、北行。此謂動。星動即星所變。祝巫視見某星動，但它星與動。此時，祝巫惑。或者，惑也。既知某星動，但其行於軌，從此道乃正道。但不免不從此道，止而逆行。如地軌外行星火星般。此即「或從」。孫詒讓不察星術，致有此誤。欲免此誤，須徧察從此星行於軌諸星也。祭讀宅，即《周語》「祭公謀父」之祭。此字通在，訓察。即察星所者須徧察。偏乃徧字誤排版而致，猶如「顯故」被印刷者誤排「濕故」。宅使察星者視見其所也。唯徧察從者，能見主星所動。孫詒讓未改後字，此係其誤。後一字恰出自誤排版。須改回，即從字。

戶即營窟戶。樞初謂天樞。「戶樞」者，戶軸線如天樞轉動。前者在地，堪依地平協所系表述。此協所系某線能為此軸。此軸線告日所黃經度數。如此，地上戶向關聯天樞指向帝星線，節氣義明矣。天樞直北極星，此線即樞。免瑟者，止瑟弦顫動也。迄今，檢討諸條學人或改經文致謬，或訓釋致謬，皆掩蔽墨子星曆學本義。譬如，孫詒讓改從，定如徙。《墨經校解》又從孫氏。雷氏訓「免瑟」曰：「門軸可以免除阻塞〔註4〕。」此訓非是。我檢「免」自須從《玉篇》訓：「免，靡蹇切。去也、止也〔註5〕。」此言譬喻繪圖算角度者須定直線而不左右擺動。從地平協所系。瑟者，八音之「絲」，納琴、瑟，此二者乃古樂器，絲為弦，顫動乃奏樂之須。瑟截面弧狀，但絲弦順長牽拉，故為直線。

3. 術語考釋（中）

1）「坐標系」不敷天文研究

（1）明末傳教士不傳笛卡爾空間幾何學

「坐標系」一名今日頻見於多種學科，國文大地測量學甚至有「國家大

〔註4〕 雷一東：《墨經校解》，齊魯書社，2006年，第90頁。
〔註5〕 胡吉宣：《玉篇校釋》，上海古籍出版社，1989年，第561頁。

地坐標系」之名。但坐標二字義堪詰問。我幼年曾問「坐標」堉義。曾開罪於幾何學老師。今日思量，頗覺不妥。此問的確難爲普通幾何學教員。

檢「坐標」二字蘊含不清，此名連之義紐不緊。坐義甚多。標謂見微。段玉裁注《說文解字》述標有細義。但微、細不須精，微、細不涉物物置向或所在。涉天文學，星體之察乃要題。某星體去人幾何，距星何在等俱係須命之所。「坐標」二字不能告。依此檢，得知此名之「坐標」不敷用。

明以降，無論中土天文檢討，還是傳教士著述俱不涉及法國哲學家笛卡爾 coordinates 幾何學要義。天文學未嘗更新。南懷仁《新制靈臺儀象志》（十六卷）無此。閔明我《方星圖解》無此。張永祚《天象源委》無此。蔣友仁撰，何國宗譯，錢大昕潤色、阮元補圖而成《地球圖說》也無此說。而清朝人徐發放西學而爲地球經緯度之「柳葉度」、「瓜瓣度」、「渾天黃赤道環」、「蓋天度」（《天元曆理全書》卷五，《續修四庫全書》第 1032 冊，第 421 頁）。諸名甚佳，但不傳 coordinate。不少研究者唯準乎分野、地望關聯星宿。畫星體軌道混亂，遠不如狄宛祝巫。

（2）學術界用「坐標系」之「坐」出孟子「坐致日至」

笛卡爾造 coordinate 乃開知之途。今須檢討其譯名「坐標系」體統問題。我曾檢若干文獻，未得何人初造「坐標系」一名記述。閱讀地球測量、球體天文等門著作，頻見「坐標系」。大陸可見文獻無一給出「坐標系」名出何人。我初推測傳教士造此學名，迎合儒者喜好。但檢明末文獻，竟未得證據〔註6〕。

依張鈺哲先生引《孟子‧離婁下》，得知「坐」名頗受自然科學研究者青睞〔註7〕。讀者或問：舉此頻用術語欲顯辯鬥之慾乎？我答曰：非也，唯以視見而告儒者用名非西方學者用名，譯者負擔甚重，不得苟且也。

孟子曰：「天下之言性也，則故而已矣。故者以利爲本。所惡於智者，爲其鑿也。如智者若禹之行水也，則無惡於智矣。禹之行水也，行其所無事也。如智者亦行其所無事，則智亦大矣。天之高也，星辰之遠也，苟求其故，千歲之日至，可坐而致也。」

〔註 6〕 推測此名出自近代日本某學人翻譯，中國某東渡求學者承取，但未給起源。
〔註 7〕 張鈺哲：《哈雷彗星 1910 年回歸的經過和 1986 年回歸的預報》，《哈雷彗星今昔》，知識出版社，1982 年，第 57 頁。

2）孟子「坐致日至」不貴星體查看故不稱 coordinate

（1）「坐致日至」解

楊伯峻等云：「利，順也。」「日至：夏至與冬至。此處當指冬至，因爲周曆以冬至日爲元旦。」楊氏以爲，鑿謂「鑽牛角尖。」並述末五句：「天極高，星辰極遠，只要能弄清它的來龍去脈，以後一千年得冬至，都可以坐著推算出來〔註8〕。」

徐洪興引趙岐注「性」曰：「天下萬物之性情，」朱熹注曰：「人、物所得以生之理也。」云：「故，事物得本來面目、本源；利：順。日至：此處指冬至。」徐氏述末五句：「天雖然很高，星辰雖然很遠，只要能推求其運行的本來面目，即使千年以後的冬至，也可以坐著推算出來〔註9〕。」

今案，孟子言人性之智乃性之一。智別二等：鑿之智，禹之智。孟子贊禹智，而貶鑿智。「鑿」被解如「鑽牛角尖」、或「穿鑿附會」〔註10〕。諸訓非是。鑿即穿鑿。智之鑿謂鑿穿物性以顯己徹智，害物性致其不再能爲眾利之源。孟子舉大禹疏水道即反例，大禹未嘗下鑿河底，使水落入地下，而導之爲川。以大禹司空之能，鑿河下灌，非不能爲，實不堪爲也。孟子在此用墨子名連推意之一「江上井」給故，以顯大禹用水性善，便民利民。

《墨子·大取》「江上井」乃名連推意之一，此箴盡通西方現代西方親屬關係處理準則，今訓之如後：「厚親，不稱行而類行，其類在江上井。」厚饋父母，不稱其行爲善惡，而以爲，自己有修爲能爲善，父母亦能爲善（類）。此類即「江上井」。江水行於地上，長養生物。此乃類之善。萬民得此善而生存。自己今也用此善。從此大善者如從流而至口岸。今不從此善，害此善而穿鑿此善，不別父母爲善爲惡，而厚待之。此猶如行舟江水而住，網箱沉底而鑿江底，江水面下沉，下游水量不足，江水大善今變爲小善，而家族或宗族獨得此善，江水終將爲此等「厚父母」者洞穿，萬民失養。後儒偏私甚明。

「行其所無事」，處於某地，此乃定數。今動止依該當而不用盡物性。如此，則智大。「天之高也，星辰之遠也，苟求其故，千歲之日至，可坐而致也。」

諸言底義：天（軌道）甚高，星（宿）辰（水星）能行（遠地點），倘使求知軌道遠近之故（度數），今日迄未來，第 1000 年冬至日不須測量而能推

〔註 8〕 楊伯峻、楊逢彬註譯：《孟子》，嶽麓書社，2000 年，第 146 頁。
〔註 9〕 徐洪興：《孟子直解》，復旦大學出版社，2004 年，第 203 頁。
〔註10〕 秦學頎註譯：《孟子》，西南師範大學出版社，1995 年，第 173 頁。

導得出。依此訓，孟子不知彼時星曆學細節，但知星曆學之理。此乃不小智慧。但他不知歲差、章動、中星退等參數。他貴重推算，此乃儒者六藝之一。其言透露，戰國時代儒者有不貴星象查看者。在社會倫理、自然科學兩域，儒者敗落。「坐」訓止。止者，足不動也。足不動，即謂不行遊。無行遊即無測量。僧一行功業在乎足動依經緯兩向。

依此訓，今定「坐標系」之「坐」不含星體視見與探求。實驗科學被截去。此名不配笛卡爾 coordinates。

（2）「標」貴微末不顯星所同度而協

今用「坐標系」之標，依《說文解字》（木部），「標，木杪末也。」段玉裁訓「細」，引《素問》「標本病傳」以言，又舉「徽識」爲說。後乃引申，非本義〔註11〕。「商標」之標謂「徽」或「識」。

視見星固堪徽識，譬如馬王堆漢墓出土占書星圖（前考引用其一）。天球摹記唯恃天球東端抽頭爲徽，此堪命曰標。但此標不足以與舉星宿。遠不如狄宛祝巫演示天球、星體清白。我察《天文氣象雜占》、《卦象圖》諸畫無不誇誕無度，不得視爲中國秦漢天文發達之證。偶見行星某信期推算得數較之狄宛第二期星曆術遜色不少。中國星曆術轉入衰落。

（3）星體信期視見兼「釋」迷信

述星體行而復見，古人以信期告，不言週期。周字寄託於庖犧氏田術。庖犧氏乃狄宛第二期第 I 段後祝巫。彼時，星曆術精進，但不似《周髀算經》記述。檢周字甲骨文從田得結構外廓局部，兼有菁宿殘部。韻讀從菁，不從留。菁宿乃後世「井宿」。中有「＋」，謂子午線與黃道線。此字構造本乎地平協所系、黃道協所系。古人言環轉以天，不依周明矣。

星體在天星，某日視見某星於某所，後若干日又見其所變。此乃知星經天之果也。俟其復見於某所，此乃信。此信有謂告某日數，譬如考得狄宛第二期祝巫知曉歲星行 30 度當回歸年一歲。如此，星體復見謂信。欲視見此星，須夜察天象而檢視星區。仰韶時代若干葬闕見某器不外信期指告器，以其能告某星合日、或日月食等，或某天象涉及日月所與日月會，故又爲明器。明器之明須依《大戴禮記·誥志》訓釋。

某星於某日數後復見，此時段曰「期」。不睹之日謂之期間。間者，虛無

〔註11〕段玉裁：《說文解字注》，上海古籍出版社，1988 年，第 250 頁。

不見也。證在馬王堆漢墓起出繡品「信期繡」羅綺香囊、「信期繡」夾袱、「信期繡」綺〔註 12〕。陽界不再見，陰界能以某時段相見。此思向乃墓主屬物名源。「信」字星復見不爽之義入社會、人倫、言語指事之告而覆，即謂信，譬如符節爲信物、家書爲信物、瑞玉爲信物等等。言某人爲「信人」，告此人言須有覆，非妄言、虛言。史學者用「信史」以告史家言事不虛或非妄。若究問此名恰當否，須準乎「然」論。而此名檢討須獨篇，涉及中西哲學比較。

「迷信」據考初連「人心」：人心大迷信〔註 13〕。究其本，須在不知信期或知而不證。以此爲心理與心理誘導之外行動，殷商已有。後世，宋朝吏員事鬼神本乎迷信。有研究者不知「迷信」本乎星體環行信期之昏昧，將迷信關聯腦機制探索〔註 14〕。

樂國安等關聯封建迷信與社會穩定，將人們心理失衡視爲迷信根源之一，認爲此等狀況能構成負面社會影響〔註 15〕。檢此言出自謬連心理失衡與平衡心理之途。心向某種信仰，此不須爲某種迷信。宗教、信仰乃兩事。而迷信初僅指迷於星體信期。而且，迷信非封建社會特徵。現代也能有迷信，而其內涵已增廣甚多。又譬如，氣候現象能導致無知者謬解，以爲某神靈重現。此現象被視爲迷信，而此迷信乃引申義，非本義。論者迄今不知〔註 16〕。總之，於星曆學，迷信乃狹義詞。

4. 術語考釋（下）

1）前墨者時代曆灋皆星曆灋

（1）墨者之灋變爲罰律考

許慎記墨子書有灋字，秦後定改法。法律史學界迄今不考，蚩尤之灋堪否類同後世罰律。檢灋、刑字源參差，體統不同，族系文明傳承參差，不得等同。

〔註 12〕傅舉有、陳松長編：《馬王堆漢墓文物》，湖南出版社，1992 年，第 88 頁～第 97 頁。

〔註 13〕沈潔：《『反迷信』話語及其現代起源》，《史林》2006 年第 2 期。

〔註 14〕陳培峰：《迷信與宗教信仰的認知與腦機制探索》，西南大學博士論文，2010 年。

〔註 15〕樂國安、江國平：《封建迷信與社會穩定》，《贛南師範學院學報》1998 年第 1 期。

〔註 16〕林之光：《氣候與迷信》，《科學新聞》1999 年第 22 期。

以瀍謂罰律，秦惠王時已有。證在《呂氏春秋·孟春季·去私》：「墨者有鉅子腹䵍，居秦。其子殺人。秦惠王曰：『先生之年長矣，非有它子也，寡人已令吏弗誅矣，先生之以此聽寡人也。』腹䵍對曰：『墨者之法曰：『殺人者死，傷人者刑』，此所以禁殺傷人也。夫禁殺傷人者，天下之大義也。王雖為之賜，而令吏弗誅，腹䵍不可不行墨者之法。』不許惠王，而遂殺之。子，人之所私也，忍所私以行大義，鉅子可謂公矣。」此乃中國瀍為罰律最佳證據之一，而研究者不察〔註17〕。

依《呂刑》，刑乃舊名，《堯典》有「刑」、《呂刑篇》有「刑」，《逸周書·嘗麥篇》有刑，無瀍。依諸文獻，蚩尤初造「瀍」，此瀍乃虐。蚩尤與黃帝有無瀍、刑事紛爭，或係細節如何，今不考證，唯告墨子之後，鉅子言瀍謂罰。

（2）墨子之瀍乃曆瀍

《經上》：「瀍：所若而然也。」

《說上》：「意、規、員三也俱，可以為瀍。」

雷氏校解：「法則，比照它做事就能成功。」「圓的概念、圓規和作得的圓三樣東西都齊備後，就可以成為法則了。」雷氏又以為「意：意思、意念、意境、意象。」又述胡適云：意應視為「概念」。涉「意」，胡適訓釋堪採，但須精細。而雷氏校解無堪採者。

曆瀍：循星所推導而及星近日（星明）。依星宿行諸點定義，或繪圓軌、或繪橢圓軌，《賀》用為星曆。

訓：所者，星所也。若者，循從也。而：推導（詳周興生：《〈墨子·經上〉中『成』式法律推理約束力考論》（上）（下），《重慶工學院學報》2008年第2期、第3期）。然：燒也、亮也。星體繞黃道，別近日、遠日。近日則然，遠日則不然。意，志也。謂服事，即市事，星曆事也。此事之要在推算滿數、察星所滿度，而後能以圖摹記。而繪圖前，須有推算算式，算式有參數關聯之途。此即「意」。規者寫圓之器也。能寫圓，此不足以為圖，故在星體運行依橢圓。此二者有別，但雷氏將二者合一：圓規作得的圓不外以圓規作圓。依此得知，雷氏不知墨子學術根底。

檢「員」字韻讀從烏還，或玉安，此讀告某數（度）滿。許慎訓：「物數，

〔註17〕 許維遹：《呂氏春秋集釋》，中華書局，2009年，第32頁。

從貝口聲」(《說文解字》第 129 頁)。《唐韻》讀王權切。王起音涉王官事，此乃星曆。而權字能涉天權星。《甲骨文編》錄 ⿱ 字無摹記圓之痕跡（卷六，一○，第 277 頁）。此字從庠序之序，即東西牆，平二分（中二平）、多夏至日射線（上下兩斜線分割黃道四區九十度）、略以營窟（下口）。「可以」訓《賀》怡。「可」字韻通轉「賀」，《繫辭上》「河出圖」謂「賀出圖」。賀者，蚌殼合朔曆日、預算日全食等，由此而演變成六十四卦，揭前著蚌殼曆算。《賀圖》即後世言《河圖》此題後將考證，此處不再展開。「以」字韻通怡，成湯自命「非台小子」。台者，說也，以星曆事而說，而後敢告如何。為瀘者，舉言告曆數。《經上》述「然」：「然也者，民若瀘也。」此言為證。民若瀘即《夏小正》、《呂氏春秋》、《立即月令》、言節令。從此瀘，此瀘以太史告而為令。此令即於民謂「不為所作也」。所作者，星曆家已志星曆。民不再能如此「作」也。其例證：容成氏、隋人、戲是之作，後人不再恁檢討。譬如，西方某人昏昧或思向錯亂，今欲自為曆瀘，改儒略曆。故曰：墨子之瀘乃曆瀘。

涉「意」，再舉一條訓釋：「執，所言而意得見，心之辯也〔註18〕。」甲骨文有「執」，不涉緝拿罪人義，而有某種「服事」之義（《古文字類編》第 45 頁），謂握持曆象。

第一期字左半中部係縱向橢圓，中腰有橫線，此線指告短軸線，有星曆義。舊訓者將此字關聯「所言」，以為「執所言」，不妥。

檢「所言」謂「星所被指告」，「而意得見」者，推導出星宿行諸點定義。此乃思向之治。「所言」謂「星所被言」，乃被動句。

不獨星有所，自知某物也以所定義。《經下》：「在外者，所知也。在室者，所不知也。或曰：在室者之色所是其色，是所不知若知也。」舊訓不得從，譬如楊芾蓀先生舊論無墨子學術體統〔註19〕。

在外謂察外。外謂外物，體外之物。視見即察。無掩蔽，故能察見。但若掩蔽，不能見，室能間物，察室者即不知物所者。

「在室者之色所是其色，是所不知若知也」，察室（納）物以目接物，但睹某物之色，判定此色乃察彼物之色，如此，判定曾不知之物此所，循日每曾知

〔註18〕 作者句讀。
〔註19〕 楊芾蓀：《墨家論證學說述略──讀墨札記之二》，《中山大學學報》，1963 年第 3 期。楊芾蓀：《墨家思維形式學說概要──讀墨札記之三》，《中山大學學報》1964 年第 1 期。

物所。此條旁證墨子諳熟目接色而辨物。由此得斷，墨子乃知察星象之偉人之一。「所」乃墨子述知根基名，此名貴在突出二物與位於某地。光照被前置。

（3）中西學術交流之謬譯涉「意」要略

西方哲學史之 Voluntarismus（德文）既往被譯成「唯意志論」。此譯文盡謬。原文僅謂「欲主是非」。此名不涉意、也不涉及志。於德國文學或哲學研究，欲主是非之念既涉及哲學家、也涉及 Hitler 德國大棒國是（Faschismus）念頭。此念頭多涉己慾張而排民願，以及「君示下從」之國政模型。政治史或以專制、或以獨裁論之。

翻譯之謬導致西方哲學在中國謬解。若干當代思向謬誤盡本乎此處。法律界以「合意」爲契約締結之證。檢德文術語，無「合意」，僅有「合欲」。欲以言述，故德國、奧地利、瑞士人結約前須爲「Willenserklaerung」（欲之清言）。欲得清言，聞者知所欲，察己堪紐結否，由此導出有約無約。若須謄寫，即見契約。此乃西方社會遍見往來途徑。無神秘可言，今日大陸法律界未改謬言。

2）笛卡爾協所系基於信天不欺與度一

（1）外物異所辨識之同度協所系

笛卡爾幾何學基礎在於，地球乃運動星體之一。他顛覆了教會自命天--地上下所次，使天堂、地獄不堪對偶。他用伽利略以來學者信賴之開知器--遙視鏡視見月球面不平，也視見木星衛星、太陽黑子。他以視見爲幾何學研究及基礎。

笛卡爾嘗試依代數運算解決幾何學問題。此謂融合數、方程、點、線、面等參數或算術途徑。長程、面積、體積等俱爲確定參數或變數基礎。他察覺，若兩圖參變數相同，僅靠參變數不足以將兩個圖樣區別。須假途數字設定圖樣在「己外」之所。如此，即能協諸圖所。數、線上點所能逐一匹配。向程變動隨之堪辨。此途徑即人類認知地外星體之開知器。地外天體之未知者堪以此圖關聯，其程度同一，故運算結果堪信。諸物同度而聯，所見於同域，此即物物協所系。傳播笛卡爾學術基礎者用「坐標系」，但不考此名合否笛卡爾圖學與算學基礎〔註20〕。

〔註20〕管成學等：《他架起代數與幾何的橋樑》，吉林科學技術出版社，2012 年，第87 頁～第 89 頁。

（2）笛卡爾及狄宛祝巫「爲我」基於「信造物者不我欺」

如何爲我，乃笛卡爾沈思哲學要題之一。而此題須恃信「既造」檢討。爲我旨的歸諸決疑。此處能見狄宛祝巫、笛卡爾思向與動。

察中西哲學至難者，在於說而言物敵蒞與物照見。前者即德國哲學之 Gegenstand 或英美文獻之 object。康德以爲：「敵蒞乃照見。某一前陳之照見係此一。知者將某一前陳之此既給材之種多聯於此一。」（Gegenstand: Objekt einer Vorstellung ist ueberhaupt das Eine, worauf man das Mannigfaltige des gegebenen Stoffes einer Vorstellung bezieht.）〔註 21〕

此思向乃「爲我」覺悟根基。無以別物、即不能知我。而外物與內物雜於心思乃濫名、亂思之源。如此舉言不得出故、如此舉言不堪告存。「此一」「彼二」之界恒見流變。笛卡爾之學與狄宛祝巫星曆學本屬異時學識。但狄宛祝巫「自我」思向甦醒恰基於協所系見星體，由星體而及人體。中國「我」念及種系皆起於狄宛星曆作爲時段。我不附議學人率言中國遠古思想家如此如彼，故在「物」、「我」之別未證，猶如未睹奔跑者跬步而言此人步動何速。狄宛祝巫思向恰同笛卡爾求索。學人不得妄念狄宛祝巫何早而有此思向，而譏笑笛卡爾如何遲滯。前考已告，狄宛聖賢王官之學式微，中國學術衰敗於近代。以西方學術進益不窮對待中國學術休克，豈可自美？

笛卡爾曾論《眞與僞》。他云：「To begin with, I recognize that it is impossible that God should ever deceive me. For in every case of trickery or deception some imperfection is to be found.」

「I know by experience that there is in me a faculty of judgement which, like everything else which is in me, I certainly received from God.

And since God does not wish to deceive me, he surely did not give me the kind of faculty which would ever enable me to go wrong while using it correctly.」

「The result is that I now have no difficulty in turning my mind away from imaginable things and towards things which are objects of the intellect alone and are totally separate from matter〔註 22〕.」

〔註 21〕 C. Ch. E. Schmid. Woerterbuch zum leichtern Gebrauch der Kantischen Schriften, herausgegeben von Norbert Hinske. Dritte Auflage. Wissenschaftliche Buchgesellschaft 1996, S.259.

〔註 22〕 René Descartes: Meditations on First Philosophy, Translated by John Cottingham with an introduction by Bernard Williams, Cambridge University Press, 1986, Fourth Meditation Truth and falsity, p. 37.

　　笛卡爾信天不信教會。故言「日每辨識天不能欺。」「故於每欺人伎倆，某瑕疵被視見。」笛卡爾貴重歷知（experience），覺悟能辨是非，故言「我曾歷知，我有決疑一力，此力得自天（神）。」笛卡爾曾「侍奉」諸務，但沈思牽拉，使他遠去教會指令。故他言「天（神）不欲欺我，她不曾給使我謬行同時承用之力。」笛卡爾虔敬與純一，使其「將心思轉去不堪思向之題，目向可獨知照見諸題，彼等別於侍奉。」

　　基於前者，笛卡爾能爲協所系，功指度一（Uno）然（Vero）善（Bono）〔註23〕。我檢狄宛祝巫曾歷狀況類似。彼等冥想苦思或長久夜察星象。他們寡於侍奉而勤勉觀天，而爲不朽功業。中國遠古王官功業乃星曆功業，而非攻掠殺戮之力。

〔註23〕斯賓諾莎撰，王蔭庭、洪漢鼎譯：《笛卡爾哲學原理》（附幾何學方式證明）附錄《形而上學思想》商務印書館館，1980年，第146頁。

參考文獻

壹、經史（依年次）

1. 張惠言：《既夕禮》（第五卷），《儀禮圖》（六卷），嘉慶十年阮氏刊本。
2. 《御批歷代通鑒輯覽》（卷十八），湖南書局，1874 年。
3. 羅泌：《路史》，四部備要，上海中華書局，1876 年。
4. 宋均注：《春秋緯元命苞》，《玉函山房輯佚書》，長沙娜環館刻本，1883 年。
5. 鄭玄：《毛詩鄭箋》，中華書局，1936 年。
6. 李鼎祚：《周易集解》，商務印書館，1936 年。
7. 郝懿行：《爾雅義疏》，中華書局，1936 年。
8. 司馬遷：《史記》，中華書局，1959 年。
9. 班固撰，嚴師古注：《漢書》，中華書局，1962 年。
10. 皇甫謐著，徐宗元輯：《帝王世紀輯存》，中華書局，1964 年。
11. 張華撰，范寧校證：《博物志》，中華書局，1980 年。
12. 陸德明：《經典釋文》，中華書局，1983 年。
13. 王聘珍：《大戴禮記解詁》，中華書局，1983 年。
14. 孫星衍：《尚書今古文注疏》，中華書局，1986 年。
15. 王先謙，吳格點校：《詩三家義集疏》，中華書局，1987 年。
16. 王先謙：《荀子集解》，中華書局，1988 年。
17. 段玉裁：《說文解字注》，上海古籍出版社，1988 年。
18. 程樹德撰、程俊英等點校：《論語集釋》，中華書局，1990 年。
19. 羅愿撰，石雲孫點校：《爾雅翼》，黃山書社，1991 年。
20. 邵晉涵：《爾雅正義》，《續修四庫全書》第 187 冊，上海古籍出版社，1992 年。

21. 陳立：《白虎通疏證》，中華書局，1994 年。

22. 廖名春：《周易經傳與易學新論》，齊魯書社，2001 年。

23. 廖名春：《馬王堆帛書周易經傳釋文》，《續修四庫全書》第 1 冊，上海古籍出版社，1992 年。

24. 張惠言：《周易虞氏義》，《續修四庫全書》第 26 冊，上海古籍出版社，1992 年。

25. 紀磊：《九家逸象辨證》，《續修四庫全書》第 35 冊，上海古籍出版社，1992 年。

26. 黃守平：《易象集解》卷 6，《續修四庫全書》第 35 冊，上海古籍出版社，1992 年。

27. 孫詒讓：《周禮正義》，《續修四庫全書》第 84 冊，上海古籍出版社，1992 年。

28. 《九章算術》，《續修四庫全書》第 1041 冊，上海古籍出版社，1992 年。

29. 朱彬撰，饒欽農：《禮記訓纂》，中華書局，1996 年。

30. 朱震：《漢上易傳》第 3 卷，《欽定四庫全書薈要·經部》吉林人民出版社，1997 年。

31. 宋翔鳳：《帝王世紀山第經逸周書》，遼寧教育出版社，1997 年。

32. 中華書局編輯部：《清人注疏十三經》，中華書局，1998 年。

33. 何寧：《淮南子集釋》（上），中華書局，1998 年。

34. 孫詒讓，孫啓治點校：《墨子閒詁》，中華書局，2001 年。

35. 陸璣撰，毛晉注：《毛詩陸疏廣要》，《四庫全書》第 70 冊，上海古籍出版社，2001 年。

36. 郭書春：《匯校九章算術》，遼寧教育出版社，2004 年版。

37. 郭慶藩撰，王孝魚點校：《莊子集釋》，中華書局，2004 年。

38. 馬恆君：《周易正宗》，華夏出版社，2007 年。

39. 王先愼集解，姜俊俊校點：《韓非子》，上海古籍出版社，2015 年。

貳、字書韻書等

一、域內

1. 許愼：《說文解字》，中華書局，1963 年。

2. 中國科學院考古研究所：《甲骨文編》，中華書局，1965 年。

3. 于省吾：《甲骨文字釋林》，中華書局，1979 年

4. 高明：《古文字類編》，中華書局，1980 年。

5. 劉熙：《釋名》，中華書局，1985 年。

6. 方孝岳：《廣韻韻圖》，中華書局，1988 年。

7. 徐中舒：《甲骨文字典》，四川辭書出版社，1989 年。

8. 胡吉宣：《玉篇校釋》，上海古籍出版社，1989 年。

9. 于省吾：《甲骨文字詁林》，中華書局，1999 年。

10. 古文字詁林編纂委員會：《古文字詁林》，上海教育出版社，1999 年。

11. 《康熙字典》吉林攝影出版社，2002 年。

12. 陳彭年等：《宋本廣韻》（附永祿本韻鏡），江蘇教育出版社，2006 年。

13. 黃德寬等編：《古文字譜系疏證》，商務印書館，2007 年。

14. 王巍：《中國考古學大辭典》，上海辭書出版社，2014 年。

二、域外

1. Langenscheids Taschenwoerterbuch Latein, Lateinisch Deutsch, Berlin usw. 1998.

2. H. F. Wendt: Langenscheidt Taschenwoerterbuch Griechisch, Neugriechisch-Deutsch, Deutsch-Neugriechisch, Berlin usw. 2006.

參、天文、營造與醫家

1. 李誡：《營造法式》，民國九年。

2. 朱文鑫：《十七史天文諸志之研究》，科學出版社，1965 年。

3. 張鈺哲：《哈雷彗星今昔》，知識出版社，1982 年。

4. 王家弼：《天學闡微》，《續修四庫全書》第 1035 冊，上海古籍出版社，1992 年。

5. 張聞玉：《〈夏小正〉之天文觀》，《貴州大學學報》1993 年第 4 期。

6. 陳遵媯：《中國天文學史》，上海人民出版社，2006 年。

7. 瞿曇悉達著，李克和校點：《開元占經》，嶽麓出版社，1994 年。

8. 劉次沅等：《中國歷史日食典》，世界圖書出版社公司，2006 年。

9. 鄭慧生：《認星識曆》，河南大學出版社，2006 年。

10. 李時珍：《本草綱目》（石部第 10 卷），山西科學技術出版社，2014 年。

11. H. A. Rey. The Stars. 尹楠譯：《星空的奧秘》，南海出版公司，2016 年。

肆、發掘與調查紀實、發掘與調查簡報

一、發掘報告專輯

1. 裴文中等：《山西襄汾縣丁村舊石器時代遺址發掘報告》，科學出版社，1958 年。

2. 《西安半坡——原始氏族公社聚落遺址》，文物出版社，1963 年。

3. 《大汶口——新石器時代墓葬發掘報告》，文物出版社，1974 年。

4. 《寶雞福臨堡》（上）（下），文物出版社，1993 年。

5. 《臨潼白家村》，巴蜀書社，1994 年。

6. 《汝州洪山廟》，中州古籍出版社，1995 年。

7. 何德亮、劉志敏：《山東建新新石器時代遺址發掘報告》，科學出版社，1996 年。

8. 《大汶口遺址第二、三次發掘報告》，科學出版社，1997 年。

9. 《龍虬莊——江淮東部新石器時代遺址發掘報告》，科學出版社，1999 年。

10. 《秦安大地灣——新石器時代遺址發掘報告》（上）、（下），文物出版社，2006 年。

11. 《寶雞關桃園》，文物出版社，2007 年。

二、發掘簡報

1. 《洛陽王灣遺址發掘簡報》《考古》1961 年第 4 期。

2. 《河南魯山邱公城遺址的發掘》，《考古》1962 年第 11 期。

3. 《山西芮城東莊村和西王村遺址的發掘》，《考古學報》1973 年第 1 期。

4. 《1972 年春臨潼姜寨遺址發掘簡報》，《考古》1973 年第 3 期。

5. 《河南新鄭裴李崗新石器時代遺址》，《考古》1978 年第 2 期。

6. 《臨汝閻村新石器時代遺址調查》，《中原文物》1981 年第 1 期。

7. 《甘肅秦安大地灣遺址 1978 至 1982 年發掘的主要收穫》，《文物》1983 年第 11 期。

8. 《1979 年裴李崗遺址發掘報告》，《考古學報》1984 年第 1 期。

9. 《雲南省西雙版納傣族和西盟佤族原始製陶工藝考察報告》，《硅酸鹽通報》1984 年第 2 期。

10. 《河南淅川黃楝樹遺址發掘報告》，《華夏考古》1990 年第 3 期。

11. 《內蒙古敖漢旗興隆窪聚落遺址 1992 年發掘簡報》，《考古》1997 年第 1 期。

12. 《河南新安縣槐林遺址仰韶文化陶窯的清理》，《考古》2002 年第 5 期。

13. 《甘肅秦安縣大地灣遺址仰韶文化早期聚落發掘簡報》，《考古》2003 年第 6 期。

14. 《陝西臨潼零口北牛遺址發掘簡報》，《考古與文物》2006 年第 3 期。

15. 《陝西寶雞市關桃園遺址發掘簡報》，《考古與文物》2006 年第 3 期。

16. 《江西靖安縣李洲坳東周墓葬》，《考古》2008 年第 7 期。

17. 《陝西橫山縣瓦窯渠寨山遺址發掘簡報》,《考古與文物》2009 年第 5 期。

18. 《湖北鄖縣青龍泉遺址 2008 年度發掘簡報》,《江漢考古》2010 年第 1 期。

19. 《1997 年河北徐水南莊頭遺址發掘報告》,《考古學報》2010 年第 3 期。

20. 《西安魚化寨遺址仰韶文化甕棺葬墓發掘簡報》,《文博》2012 年第 1 期。

伍、專題著作與論集

1. J. Gunnar Andersson, Children of the Yellow Earth-Studies in prehistoric China, Kegan Paul, Trench, Trubner & Co., Ltd. 1934.

2. R. Roelofs, Astronomy applied to Land Surveying, N. V. Wed J. Ahrend & Zoon, Amsterdam 1950.（黃繼漢、高更新譯:《實用天文測量學》,測繪出版社,1959 年）。

3. 涂厚善:《古代兩河流域的文化》,商務印書館,1964 年。

4. Stuart J. Inglis: Planets, Stars, and Galaxies. John Wiley & Sons Ltd., New York, London, Sidney, Toronto 1976.

5. 李致森等譯:《行星恆星星系》,科學出版社,1979 年。

6. 中國硅酸鹽學會編:《中國陶瓷史》,文物出版社,1982 年。

7. 金龍洙:《食用動物解剖學》,中國人民解放軍獸醫大學訓練部,1984 年。

8. 東北保護野生動物聯合委員會:《東北鳥類》,遼寧科學技術出版社,1988 年。

9. 李連等:《世界考古概論》,江蘇教育出版社,1989 年。

10. 劉煥金等著:《山西省黑鸛的生態和生物學研究》,科學出版社,1990 年。

11. 毛君焱:《古埃及兩河流域藝術精品資料圖集》,中國工人出版社,1992 年。

12. 宋嵩:《現代陶瓷窯爐》,武漢工業大學出版社,1996 年。

13. 孫竹:《蒙古語族語言研究》,內蒙古大學出版社,1996 年。

14. 北京大學考古系等:《內蒙古托克托縣海生不浪遺址發掘報告》《考古學研究》（十）,科學出版社,1997 年。

15. 路易·巴贊撰,耿昇譯:《突厥曆法研究》,中華書局,1998 年。

16. 李仰松:《民族考古學論文集》,科學出版社,1998 年。

17. 中華人民共和國瀕危物種科學委員會編:《中國瀕危動物紅皮書》,科學出版社,1998 年。

18. 劉永平等:《張衡研究》西苑出版社,1999 年。

19. 楊建華:《外國考古學史》,吉林大學出版社,1999 年。

20. 宋建忠、薛新民:《寧家坡陶窯引發的思考》《山西省考古學會論文集》（3）,山西古籍出版社,2000 年。

21. 林河：《中國巫儺史》，花城出版社，2001 年。

22. 馮恩學編著，林澐審定：《田野考古學》，吉林大學出版社，2003 年。

23. 王仁湘：《白家村遺址與白家村文化》，《中國史前考古論集》第，科學出版社，2003 年。

24. 鈕衛星：《西望梵天──漢譯佛經中的天文學源流》，上海交通大學出版社，2004。

25. 許順湛：《五帝時代研究》，中州古籍出版社，2005 年。

26. 段小強、杜斗城：《考古學通論》，蘭州大學出版社，2007 年。

27. 吳秀玲、李艷：《逐數天文巨匠》，遠方出版社，2007 年。

28. 馮恩學：《田野考古學》，吉林大學出版社，2008 年。

29. 于洋：《特種經濟動物解剖學》遼寧科學技術出版社，2013 年。

30. 山西省考古研究所：《新絳孝陵陶窯址》，上海古籍出版社，2015 年。

31. 米志堅、馬尚林等：《人體解剖生理學》，第 2 版，第四軍醫大學出版社，2015 年。

陸、檢論（並域外）

1. 李濟：《殷墟有刃石器圖說》，《安陽發掘報告》1952 年第 2 期。

2. 考古研究所西安半坡工作隊：《西安半坡遺址第二次發掘的主要收穫》，《考古通訊》1956 年第 2 期。

3. 吳震：《我對陶器起源問題的看法》，《文物參考資料》1956 年第 7 期。

4. 李仰松：《雲南省佤族製陶概況》，《考古通訊》1958 年第 2 期。

5. 金少英：《〈尚書・盤庚〉上篇譯釋──並與張西堂先生商榷》，《西北師大學報》（社會科學版）1959 年第 5 期。

6. 石志廉：《談談尖底陶器──甀》，《文物》1961 年第 3 期。

7. 西安半坡博物館：《1971 年半坡遺址發掘簡記》，《考古》1973 年第 3 期。

8. 楊鴻勛：《仰韶文化居住建築發展問題的探討》，《考古學報》1975 年第 1 期。

9. 劉可棟：《試論我國古代的饅頭窯》，《中國古陶瓷論文集》文物出版社，1982 年。

10. 徐元邦等：《我國新石器時代──西周陶窯綜述》，《考古與文物》1982 年第 1 期。

11. 范毓周：《臨汝閻村新石器時代遺址出土陶畫〈鸛魚石斧圖〉試釋》，《中原文物》1983 年第 3 期。

12. 程朱海、張福康等：《雲南省西雙版納傣族和西盟佤族原始製陶工藝考察報告》，《硅酸鹽通報》1984 年第 2 期。

13. 李零：《長沙子彈庫戰國楚帛書研究》，中華書局，1985 年。

14. 周衍勛、苗潤才：《對西安半坡遺址小口尖底瓶的考察》，《中國科技史料》（第 7 卷），1986 年第 2 期。

15. 鄭慧生：《從『間』字之釋說到商代的『間祀』》，《史學月刊》1987 年第 3 期。

16. 安志敏：《中國新石器時代的考古研究》，《中國社會科學院研究生院學報》1987 年第 4 期。

17. 唐祈：《〈尚書·盤庚〉篇翻譯》，《西北民族學院學報》（哲學社會科學版）1987 年第 3 期。

18. 孫霄、趙建剛：《半坡類型尖底瓶測試》，《文博》1988 年第 1 期。

19. 龐樸：《火曆鉤沉——一個遺失已久的古曆的發現》，《中國文化》1989 年創刊號。

20. 許宏：《略論我國史前時期甕棺葬》，《考古》1989 年第 4 期。

21. 王大均等：《半坡尖底瓶的用途及其力學性能的討論》，《文博》1989 年第 6 期。

22. 孫霄：《畝器與尖底瓶考略》，《文博》1990 年第 4 期。

23. 蘇秉琦：《關於重建中國史前史的思考》，《考古》1991 年第 12 期。

24. 裘錫圭：《釋南方名》，《古文字論集》，中華書局，1992 年。

25. 黃崇岳、孫霄：《原始灌漑農業與畝器考》，《農業考古》1994 年第 1 期。

26. 田建文：《尖底瓶的起源——兼談半坡文化與廟底溝文化的關係問題》，《文物季刊》1994 年第 1 期。

27. 李民：《釋管》，《中原文物》1994 年第 4 期。

28. 李文傑、郎樹德、趙建龍：《甘肅秦安大地灣一期製陶工藝研究》，《考古與文物》1996 年第 2 期。

29. 金景芳：《〈尚書·盤庚〉新解》，《社會科學戰線》1996 年第 3 期。

30. 吳汝祚：《汝州洪山廟仰韶文化部分彩陶紋飾淺析》，《文物季刊》1997 年第 1 期。

31. 趙春青：《洪山廟仰韶彩陶圖略考》，《中原文物》1998 年第 1 期。

32. 王仁湘：《仰韶文化淵源研究檢視》，《考古》2003 年第 6 期。

33. 馬清林、蘇伯民等：《甘肅秦安大地灣遺址出土陶器成分分析》，《考古》2004 年第 2 期。

34. 郭立新：《石家河文化晚期的甕棺葬研究》，《四川文物》2005 年第 3 期。

35. 吳瑞等：《廣西桂林甑皮巖遺址陶器的科學研究》，《中國陶瓷工業》2005 年第 4 期。

36. 李文傑：《廣西桂林甑皮巖遺址陶器的成型工藝》，《文物春秋》2005 年第 6 期。

37. 楊華：《論中國先秦時期腰坑墓葬俗文化的起源與發展（上）》，《三峽大學學報》（人文社會科學版）2005 年第 6 期。

38. 何周德：《2002～2005 年半坡遺址考古新發現》，《史前研究》2006 年。

39. 何周德：《論仰韶文化的祭祀——從半坡遺址發現祭祀遺跡談起》，《西部考古》第 1 輯，科學出版社，2006 年。

40. 藍毅輝：《中華科技史同好會會刊》1 卷 2 期，2007 年 7 月。

41. 于志勇：《新疆考古發現的鑽木取火器初步研究》，《西部考古》第 3 輯，2008 年。

42. 周興生：《教殤——法律教育論》，《華崗法萃》2009 年第 44 卷。

43. 李英華：《漢水中游地區史前腰坑與甕棺》，《江漢考古》2010 年第 1 期。

44. 馬岩峰，方愛蘭：《大地灣出土彩陶鼓辨析》，《民族音樂》2010 年第 5 期。

45. 劉艷紅：《甕棺的出現與研究》，《文教資料》2010 年第 13 期。

46. 孫中原：《〈墨子〉〈大取〉和〈小取〉的邏輯》，《畢節學院學報》2011 年第 1 期。

47. 翟霍林：《魚化寨遺址仰韶文化甕棺葬墓的幾個問題》，《文博》2012 年第 1 期。

48. 李振峰：《〈尚書·盤庚〉『予若觀火，予亦拙謀』解》，《古籍整理研究學刊》2012 年第 3 期。

49. 金岷彬、陳明遠：《關於「陶器時代」的論證之二——陶器時代的分期》，《社會科學論壇》2012 年第 3 期。

50. 田野：《考古發現與「文化探源」之二——陶器》，《大眾考古》2013 年第 2 期。

51. 楊利平：《陝西高陵楊官寨仰韶時代遺址》《大眾考古》2014 年第 8 期。

52. 馬治國、周興生：《從『觀厥』『礜降』卦變大義看堯邦父宗法的傳播》，《西安交通大學學報》（社會科學版）2014 年，第 3 期。

53. 趙淑湘：《天水機場磁偏角的測定及精度分析》，《礦山測量》2015 年第 4 期。

54. 張睿祥、歐秀花、郭藝展、劉潮：《7.8～4.8kaBP 秦安大地灣遺址房屋遺存相關問題研究》，《天水師範學院學報》2015 年第 5 期。

55. 李小龍：《仰韶文化灰坑葬相關問題探討》，《文博》2015 年第 6 期。

56. 于璞：《試論大地灣遺址二期房屋的分類》，《草原文化》2016 年第 1 期。

57. 郭夢：《多樣的陶器燒製技術——選擇還是進化》，《考古》2016 年第 3 期。

58. 陳向進等：《陶雛器——桂林甑皮巖首期陶》，《陶瓷科學與藝術》2016 年第 5 期。

59. 鄒明林：《陶器起源考古新突破——桂林發現罕見「陶雛器」》，《陶瓷科學與藝術》2016 年第 10 期。

60. 霍東峰：《考古層位學之層位關係》，《考古》2017 年第 5 期。

61. 陳宥成、曲彤麗：《中國早期陶器的起源及相關問題》，《考古》2017 年第 6 期。

62. 王萬忠、齊敏：《關於「灰坑」的來歷和翻譯辨析》，《人文天下》2017 年 7 月刊。

63. Ben A. Potter, Joel D. Irish, Joshua D. Reuther, and Holly J. McKinney: New insights into Eastern Beringian mortuary behavior: A terminal Pleistocene double infant burial at Upward Sun River.-Proceedings of the National Academy of Sciences of the United States of America（PNAS）, vol. 111, no. 48, December 2, 2014.

柒、報紙

1. 趙叢蒼：《城固寶山發現新石器時代陶窯群》，《中國文物報》2001 年 5 月 23 日第 1 版。

2. 王金平等：《山西新絳縣孝陵遺址發現新石器時代陶窯群》，《中國文物報》2004 年 9 月 15 日，第 1 版。

3. 孟苗：《新絳孝陵遺址驚現新石器時代陶窯群》，《山西日報》2004 年 10 月 14 日。

4. 陳寶全：《靜寧境內發現全國規模最大的新石器時代彩陶窯址》，《平涼日報》2007 年 8 月 13 日第 1 版。

5. 《中國文物報》，2015 年 9 月 11 日，第 8 版。

6. 張明東：《〈新絳孝陵陶窯址〉讀後》，《中國文物報》2016 年 12 月 27 日，第 6 版。